EXPOSÉ DES MOTIFS

DU

PROJET DE CODE CIVIL

BRÉSILIEN

Rédigé en vertu du Décret du 15 Juillet 1890

PAR LE

Dr A. COELHO RODRIGUES

Professeur émérite de la Faculté de droit de Recife et effectif de la Faculté libre de sciences juridiques et sociales de Rio-de-Janeiro;
Conseiller de S. M. l'ex-Empereur du Brésil;
Commandeur de l'ordre impérial de Notre Seigneur Jésus-Christ;
Représentant de l'État du Piauhy au Sénat Fédéral, etc.

RAPPORT DE LA COMMISSION DE RÉVISION DU MÊME PROJET

ET

RÉPONSE DE L'AUTEUR

GENÈVE
HENRI STAPELMOHR
LIBRAIRIE FRANÇAISE ET ÉTRANGÈRE
24, Corraterie, 24

1894

EXPOSÉ DES MOTIFS

DU

PROJET DE CODE CIVIL

BRÉSILIEN

Rédigé en vertu du Décret du 15 Juillet 1890

PAR LE

Dr A. COELHO RODRIGUES

Professeur émérite de la Faculté de droit de Recife et effectif de la Faculté libre de sciences juridiques et sociales de Rio-de-Janeiro ;
Conseiller de S. M. l'ex-Empereur du Brésil ;
Commandeur de l'ordre impérial de Notre Seigneur Jésus-Christ ;
Représentant de l'État du Piauhy au Sénat Fédéral, etc.

RAPPORT DE LA COMMISSION DE RÉVISION DU MÊME PROJET

ET

RÉPONSE DE L'AUTEUR

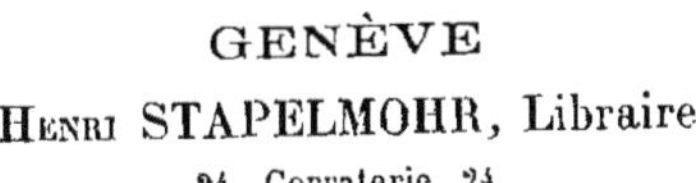

GENÈVE
HENRI STAPELMOHR, Libraire
24, Corraterie, 24

1894

AU LECTEUR

J'ai résolu de faire publier la traduction française de ces opuscules, dans la conviction que leur matière pourrait intéresser toutes les personnes qui s'occupent du droit et particulièrement la « Société de Législation Comparée », dont les travaux m'ont suggéré quelques dispositions du projet préliminaire de mon projet de Code civil.

Il est probable que le ton de ma réponse à la Commission du gouvernement semble au lecteur un peu sec ou même piquant; mais, avant de m'en faire un reproche, il lui faudra tenir compte du milieu et des circonstances.

Je m'adressais tout d'abord à un ministre qui, tout bachelier ès-sciences juridiques et sociales qu'il est, vient de nommer membre effectif du Suprême Tribunal fédéral un docteur en médecine, presque illettré en jurisprudence, et qui avait tenté, par une dépêche transatlantique du 8 avril 1892, de me défendre de me porter candidat à une place alors vacante au Sénat fédéral par l'Etat du Pianhy, que j'avais déjà eu l'honneur, peut-être immérité, de représenter aux Chambres de l'Empire depuis 1869, c'est-à-dire quand je venais de faire mon droit et n'avais pas encore vingt-trois ans accomplis.

En outre, soit à cause de mon élection, presque unanime malgré mon absence, soit pour un autre motif qu'un Brésilien hors de son pays ne pourrait publier sans rougir, le ministre a pris sa revanche en employant les trois mois qui, de par mon contrat, étaient accordés pour l'examen de la Commission de révision, à chercher trois membres introuvables pour la composer à son souhait. Et, en effet, il en a trouvé deux qu'il avait raison de considérer mes ennemis personnels, et un troisième qui avait été son condisciple et son ami intime depuis leur jeunesse.

Une telle commission ne pouvait, partant, agir autrement qu'elle l'a fait, d'autant plus qu'elle avait aussi affaire à un gouvernement soi-disant républicain-fédéral-représentatif, mais qui, après quatre ans de douloureuses expériences, n'a pas encore compris que la haine, la violence, l'arbitraire, l'intolérance et la prodigalité ne peuvent jamais rien fonder de durable, ni remplacer non plus le patriotisme, la prudence, la légalité, la tolérance et l'économie.

Il y avait donc, d'un côté comme de l'autre, des excuses, et pour les accusations vagues du rapport, les plus graves d'ailleurs, et pour le ton peut-être un peu trop vif de la réponse :

Scimus, et hanc veniam damus, petimusque vicissim.

Cependant dix-huit sénateurs ont repris mon projet et le Sénat a nommé une commission spéciale pour en faire un nouveau rapport. Cette commission doit siéger de mai à septembre prochain et m'entendre avant d'émettre son opinion là-dessus.

Sans oser le demander je serai néanmoins très reconnaissant aux personnes compétentes qui recevront ces opuscules, et qui daigneront m'adresser leurs avis sur le plan et les innovations dont je rends compte dans mon exposition, aussi bien que sur ma réponse à la critique officielle.

Je m'offre même à servir d'intermédiaire entre ces obligeants censeurs et la nouvelle commission, et je promets d'appuyer devant celle-ci toutes les observations qui me sembleront fondées, parce que personne ne peut avoir un si vif intérêt que moi-même de voir mon travail expurgé de ses défauts.

Je provoque tous ceux qui en douteraient à l'essayer, en ajoutant qu'ils seront informés de la suite de leur généreux concours à une cause qui est commune à tous les hommes de droit, parce que la vérité n'a pas de patrie et que s'il y a ici-bas quelque chose de cosmopolite, c'est bien la science.

Genève, Janvier 1894.

A. Coelho Rodrigues.

EXPOSÉ DES MOTIFS

DU

PROJET DE CODE CIVIL

BRÉSILIEN

INTRODUCTION

1. En commençant ce travail officieux et complémentaire de celui dont j'ai été chargé par le Gouvernement provisoire aux termes du décret du 15 juillet 1890 (*Appendice A*) (*), je tiens à faire deux observations préliminaires que, j'ose le croire, ne sembleront pas impertinentes au lecteur et que je crois nécessaires pour lui éviter une illusion quelconque sur mon but.

La première est que je ne prétends pas exposer tous les motifs de toutes les dispositions que j'ai consacrées.

Cela équivaudrait à un commentaire, auquel personne ne saurait me forcer et dont je m'avoue incapable après avoir, dans l'espace d'un peu plus de deux ans, rédigé et écrit de ma main, pas moins de trois fois, un ouvrage de cette nature et de cette étendue, dont les difficultés de toutes sortes et les recherches fatigantes ne peuvent être mises en doute, même par celui qui aurait demandé ou accepté la tâche improbe d'en médire. Il s'agit à peine d'une exposition, *per summa capita*, destinée à faire comprendre, en bloc, le système et les principales institutions du projet.

Le seconde est que je n'ai pas les prétentions du Meunier de La Fontaine, ni le vain espoir de plaire à tout le monde.

2. Le droit, comme expression de la justice, est une des lois fondamentales de la sociologie, qui est une science des plus anciennes et des plus incomplètes et, partant, une des plus difficiles parmi celles qui préoccupent l'esprit humain dans cette dernière décade de ce prétendu Siècle des Lumières. Le droit civil, lors même qu'il serait pris dans le sens strict de

(*) Les appendices ont été égarés lors de l'impression à l'*Imprimerie nationale*.

droit privé national, comprend et régle presque toutes les manifestations de l'activité humaine dans son continuel développement à travers le temps et l'espace.

Un code civil intéresse donc toutes les classes sociales, de la plus pauvre à la plus riche, de la plus forte à la plus faible et de la plus ignorante à la plus instruite.

3. La législation que nous avons, d'origine suspecte par son ancienneté et par l'esprit anachronique qui a inspiré en grande partie ses dispositions encore en vigueur, est notoirement mauvaise. Ses défauts, peut-être exagérés par l'ignorance, due en partie à la difficulté qu'il y a à l'étudier, ont déjà pénétré la conscience populaire; la foule elle-même les a déjà saisis, et les individus, chacun à sa manière, se sont fait une opinion là-dessus, cela va sans dire, sur les points qui les touchent de plus près et qu'ils connaissent le mieux ou supposent le mieux connaître.

Il est à supposer que mon travail sera vu et examiné sous l'influence de ces préjugés, plus ou moins généralisés, et si je suis parvenu à l'exécuter dans la région sereine et impartiale où je devais et ai voulu le faire, sans préoccupation de classe ou de profession, je ne serai pas étonné si le prolétaire le considère par trop défenseur de la propriété; le capitaliste, trop libéral envers le travailleur; le débiteur, trop cruel pour les malheureux qui se sont laissé obérer; le créancier, trop indulgent pour les filous; les maris, trop enclin à favoriser les femmes et les femmes, trop partial envers les maris; les enfants, trop favorable pour les parents et les parents trop tolérant envers les enfants; les hommes de loi (qui, en général, préfèrent la loi qu'ils se sont donné la peine d'apprendre), trop réformiste; le radical, trop conservateur, et ainsi de même pour chacune des autres classes, à leur tour, et sous leur point de vue particulier.

4. Dans ces conditions, je n'aurais pu attendre un bon accueil pour le projet que des professionnels proprement dits et, sinon une compensation pour le travail que cela m'a donné, du moins la consolation de ne pas le voir jugé sommairement et condamné péremptoirement par des ennemis personnels gratuits ou des organes officieux d'un sinistre intérêt, qui se figurent à tort ou à raison, blessés par l'exécution loyale et anticipée de mon contrat, contre lequel il y avait déjà en haut lieu quelque parti-pris.

Mais, parmi les professionnels, combien y en a-t-il qui joignent à la compétence nécessaire, la patience voulue pour examiner en gros et en détail tout un projet de code civil?

Et parmi ceux-là même, combien y en aura-t-il qui auront l'esprit assez élevé et la conscience assez droite pour juger tout à fait impartialement — *sine ira et studio* — les défauts et les mérites d'un ouvrage si considérable, d'un homme du même métier?

Et même, en accordant qu'il y en ait un nombre suffisant,

comme c'est heureusement le cas, qui peut me garantir que les élus du Gouvernement aient été choisis parmi ceux-là même : — *rari nantes in gurgite vasto* ?

Cela ne veut pas dire que nous n'ayons pas beaucoup de personnes capables de se préparer pour ce travail, mais qui dit capacité ne dit pas compétence, et, de même que la spécialité, en matière scientifique, ne peut pas s'acquérir par la pratique des généralités, de même, la généralisation supérieure ne s'obtient pas par l'étude particulière de quelques-unes de ses différentes branches.

5. Je n'ai pas non plus la prétention d'avoir fait un travail modèle dans son genre, ou même épuré de fautes graves ; la preuve en est dans les dispositions additionnelles, où je propose à peine son adoption provisoire, et dans la deuxième édition, où j'ai aussi écouté avec reconnaissance plus d'une critique parmi celles que j'ai moi-même sollicitées ou qui m'ont été gracieusement adressées par des personnes compétentes.

Je puis dire avec Pomponius : *Etsi alterum pedem in tumulo haberem, non pigeret aliquid addiscere* (1) ; je me suis adressé aux meilleures sources, et j'ai toujours évité les défauts dont on les avait accusées.

J'ai cherché en passant à éviter la plus grande objection que l'école historique oppose aux codifications : *la cristallisation du droit*, en consacrant sa révision périodique et en établissant les bases pour sa systématisation générale, question d'ailleurs étrangère à mon contrat, mais jamais inopportune en semblables matières.

D'autre part, je n'ai jamais eu l'espoir de rencontrer une concordance absolue dans chaque collègue qui fût en état d'avoir des idées établies sur le sujet et qui lût avec un peu d'attention un ouvrage d'un plan aussi vaste et d'une variété de détails aussi grande. Une semblable prétention serait plus que ridicule, elle serait absurde.

Quelques-uns, à ma demande, d'autres, de *motu-proprio*, m'ont déjà communiqué leurs opinions, tantôt favorables, tantôt contraires aux miennes, sur des parties plus ou moins importantes du projet, et je tiens, ici, à les remercier tous, en leur promettant de prendre en considération, en temps opportun, leurs suggestions qui me sembleront acceptables ; car personne n'a un plus grand intérêt, ni un plus vif désir de corriger mon travail que moi-même.

Je n'ai accepté cette mission ardue, qu'après avoir su qu'elle avait été refusée par deux de nos jurisconsultes des plus distingués (2) ; je m'étais offert au premier pour collaborer avec lui à titre de simple secrétaire, et, en présentant le projet, j'ai manifesté le désir que l'un d'eux, au moins, fît partie de la res-

(1) Frg. 20 D de *fidei-com. libertat* (40,5).

(2) MM. le conseiller Lafayette Rodrigues Pereira et Dr Joao Antonio de Souza Ribeiro.

pective commission de révision. Il ne m'a pas été donné de les consulter : *habent sua fata libelli !*

Mes observations préliminaires se trouvant ainsi justifiées, je passe à m'occuper successivement du plan, des difficultés de l'exécution et du contenu du projet.

CHAPITRE PREMIER

Du Plan

6. Depuis que, le 4 juillet 1881, j'ai été appelé par le Ministre de la Justice d'alors, M. le conseiller P. de Souza Dantas, à faire partie de la commission qui a donné son avis sur les *Apontamentos* que mon savant collègue et digne représentant de Minas Geraes au Sénat fédéral, le Dr Felicio dos Santos, offrit au Gouvernement Impérial pour le projet du Code civil, je n'ai jamais cessé de m'en occuper; soit au sein des autres commissions, qui lui ont succédé, soit dans mes moments de loisir.

Le Code civil avait été l'objet d'une promesse formelle de la part de notre première constitution politique (3), toujours déçue, malgré les soins constants que, depuis 1855, lui avait voué le Gouvernement de l'Empire et du concours que lui ont prêté des jurisconsultes tels que Teixeira de Freitas et Nabuco d'Araujo et de la malheureuse, mais héroïque tentative du Dr Felicio dos Santos, dont je viens de parler.

La commission du 4 juillet, nommée provisoirement, fut établie en permanence quatre mois plus tard et chargée d'organiser un autre projet pour remplacer celui qui avait déjà été proposé (4), mais elle subit, dès le début de l'année suivante (1882), un arrêt dans sa marche, qui ne lui permit de faire que bien peu de choses, jusqu'à ce que, le 24 mai 1883, elle fut dissoute de fait par l'arrivée au pouvoir de son président, le conseiller Lafayette, comme organisateur du cabinet de cette époque.

7. Vers le milieu de l'année 1885, feu le baron de Cotegipe, après avoir causé un soir avec moi sur mes idées par rapport au plan et à l'exécution d'un Code civil, me demanda de les écrire pour les lui soumettre.

Pour complaire au désir de cet éminent patriote, qui avait autant de droit à ma vénération qu'à mon estime, j'esquissai le plan de l'*Appendice B* et je le lui présentai vers la fin de juillet de cette même année. Il me pria de le lui lire moi-même

(3) Constit. de l'Emp., art. 179 § 18.

(4) La première commission se composait des conseillers Lafayette, Ribas, Justino de Andrade, Ferreira, Vianna et de moi; la seconde comprenait les mêmes membres, plus le sénateur Joaquim Felicio dos Santos.

et, après m'avoir posé quelques questions sur la liberté de tester, il me recommanda de le garder jusqu'à nouvel ordre (5).

J'y proposais, comme il sera plus facile de le voir en le lisant, que le projet fut divisé en une partie générale et une autre spéciale ; que la première fut subdivisée en trois livres : l'un des personnes, l'autre des choses et le troisième des actes juridiques, et que la deuxième partie fut, à son tour, subdivisée en quatre : l'un pour le droit de famille, l'autre pour le droit des choses, un autre pour le droit des obligations et un dernier, finalement, pour les successions, « en me réservant toutefois la faculté, ajoutait le manuscrit, de modifier cet ordre, si un autre paraissait plus convenable, lors de la mise en articles des matières respectives ».

Au mois d'août 1889, alors que je faisais partie de la commission nommée par le ministère du Vicomte d'Ouro Preto pour organiser le projet de notre Code civil (6) et dans le but de justifier l'index de la partie qui m'avait été distribuée — le droit de la famille, — j'ai essayé de prouver que celui-ci ne pouvait pas entrer dans le cadre du droit civil proprement dit, pour les raisons exposées dans l'*Appendice C*.

Comme il appert facilement du même appendice, j'ai proposé alors que la partie spéciale ne comprît, comme matière civile, qu'un livre pour le droit réel, un autre pour le droit personnel et un troisième pour le conflit ou concours de droits, comprenant le concours des créanciers, les successions, etc., et en y ajoutant, comme matière connexe, mais distincte, un livre particulier pour le droit de famille.

8. C'est sous l'influence de ces idées, qu'une année plus tard j'établis le plan de l'art. 1er de mon contrat, mentionnant toutefois, avant les actes, les faits juridiques, comme matière intégrante du livre troisième de la partie générale, sur le contenu de laquelle ne s'accordent pas les autorités les mieux reconnues, les unes la limitant à la première espèce des phénomènes déjà mentionnés, les autres à la deuxième. Pour ma part, je crois que leur divergence consiste plutôt dans une question de mots que dans la réalité objective.

9. Savigny réduit toute la matière du livre en question aux faits juridiques ; mais, pour lui, cette dénomination com-

(5) Trois semaines plus tard, il organisait le cabinet du 20 août et lors de son court interimat au portefeuille de la justice, en 1887, il me le demanda de nouveau et cette fois-là, il le garda jusqu'en octobre de la même année, époque à laquelle il me le rendit pour le soumettre au conseiller Mac-Duwell. Celui-ci me demanda du temps pour réfléchir sur la liberté de tester et sur la faillite civile. Ensuite Son Excellence se retira de la ville où il ne revint qu'à la veille de la démission collective du ministère. Plus tard il me rendit le manuscrit, en me disant qu'il ne l'avait pas passé à son successeur parce qu'il n'était pas signé, ce qui était vrai.

(6) Cette commission, dont la présidence revenait de droit au conseiller Candido de Oliveira, ministre de la justice et de fait à l'empereur, se composait en plus de moi, de MM. les conseillers Dantas, Olegario, Silva Costa, Affonso Penna et du baron de Sobral, secrétaire.

prend non seulement les faits proprement dits du monde objectif, *nécessaires* ou *éventuels*, mais aussi les actes libres de l'individu, *licites* ou *illicites*, et il termine en les réduisant à six des plus importants, parmi lesquels il oublie la *naissance*, qui en est le premier, la condition *sine qua non* de tous les droits acquis (7), et la mort qui résout les droits qu'il ne transmet pas; tandis qu'il place à leur tête la succession qui, du moins en général, est une simple conséquence d'un autre fait juridique, c'est-à-dire du décès du *de cujus*.

Il est certain que dans un sens étendu, on peut appeler des faits, tous les phénomènes juridiques; soit fatals, comme la naissance et le décès, qui pour l'individu sont toujours les plus importants; soit éventuels, comme la perte de l'objet ou la prescription du titre du droit; soit volontaires, pratiqués dans un but juridique ou sans but juridique, c'est-à-dire *licites* ou *illicites*. Mais il n'en est pas moins vrai que les expressions « actes juridiques » ont un sens classique, seulement adapté aux actes libres et pratiqués dans un but juridique (8), et partant, ils ne sont pas susceptibles de confusion avec d'autres faits juridiques, inclusivement les actes qui sont aussi libres, mais qui cependant sont illicites.

Ces notions, qui me semblent aussi simples qu'exactes, ont servi de base à la classification des matières du troisième livre de la partie générale.

10. Il est également certain que quelques faits juridiques se résolvent, tantôt en une obligation personnelle, comme les omissions coupables, tantôt en un droit réel, comme les accessions, et que ceux-ci, comme tels, pouvaient et devaient entrer où ils sont entrés, dans la partie spéciale; les premiers dans le droit des obligations, et les seconds dans le livre des droits réels. Ils ont été, donc, à peine effleurés dans la partie générale.

Mais les faits juridiques, qui peuvent intéresser et même résoudre aussi bien les droits réels que les droits personnels, tels que la perte de l'objet ou la prescription du titre de droit, et les actes illicites *in genere* (9) ne pouvaient et ne devaient entrer que là où je les ai mis, dans la partie générale, malgré l'opinion de Savigny et l'exemple récent du projet de Code civil allemand, qui a scindé la matière de la prescription (10). Dans cette partie pourtant j'ai maintenu mon plan et dans le même ordre où je l'avais esquissé dans le contrat; et quand il m'a fallu le mettre en articles, je n'ai pas trouvé de difficulés pouvant lui être imputées.

(7) Comme il le reconnait lui-même au tome 3e, § 104, note (*a*).

(8) Savigny lui-même fait cette distinction au § 104, notes (*e*) et (*h*).

(9) En règle, ces actes donnent lieu à l'action personnelle de dommages-intérêts, mais peuvent aussi donner lieu à une action réelle comme, par exemple, celle de la revendication de la chose volée.

(10) Il traite de la libératoire dans la partie générale de l'usucapion dans le livre des droits réels.

Son contenu peut-être figuré dans le tableau suivant :

<table>
<tr><td rowspan="3">Livre troisième de la partie générale</td><td rowspan="2">Faits juridiques</td><td>nécessaires</td><td>naissance;
décès.</td></tr>
<tr><td>éventuels</td><td>perte de la chose,
prescription,
actes illicites.</td></tr>
<tr><td>Actes juridiques</td><td colspan="2">relatifs aux droits réels;
relatifs aux droits personnels.</td></tr>
</table>

A la matière du tableau ci-dessus, j'ai ajouté un titre final sur les formes des actes juridiques et les preuves légales.

11. Dans la partie spéciale, cependant, quoique n'ayant pas retranché la matière, ni augmenté le nombre des livres promis, j'ai été forcé, en faveur de la méthode et de l'ordre naturel des idées, de réduire aux successions le contenu du dernier livre, ainsi qu'à intervertir l'ordre respectif des trois premiers.

Cependant, lors de la première rédaction du projet, j'ai commencé cette partie du droit de la famille, mais, pour ne pas détruire l'unité de la matière, j'ai réuni le droit de la famille *pur*, au droit de la famille *appliqué*, et chaque fois que je pénétrais dans le domaine de celui-ci, je sentais la nécessité de supposer déjà organisé le droit des biens, c'est-à-dire d'articuler au préalable le livre des droits réels et celui des obligations.

La même nécessité résultait de l'interposition forcée de ces deux matières entre le droit de famille et celui des successions, parce que la succession c'est la famille se continuant dans la propriété à travers le temps[11], et, soit l'héritage légitime, soit l'héritage testamentaire, ils ne peuvent êtres bien réglés sans supposer d'abord que les biens respectifs — *propriété et crédit* — soient définis et, partant, sans supposer que les livres respectifs soient articulés.

C'est ainsi que j'ai été forcé de concorder avec l'école classique allemande, beaucoup moins à cause du respect dû à son autorité, que par le besoin de la pratique, vérifié par mon expérience propre.

12. C'est aussi les difficultes pratiques de l'exécution du plan qui m'ont suggéré les autres transpositions des matières indiquées à l'art. 1er du contrat.

Ces transpositions ont consisté : 1° à passer au troisième livre de la partie générale la prescription, laquelle ne pouvait être comprise dans celui des obligations, parce que c'est un des moyens d'acquérir des droits réels, ni parmi ceux-ci, parce que c'est aussi un des moyens d'éteindre les obligations ; 2° à comprendre parmi les autres contrats, celui de l'assurance ; 3° à comprendre dans le même livre, et à la fin de la matière des

(11) Ribas. Cours de Droit civil. Introd., tome 1er, titre 1, chap. 2, § 1er, p. 323 ; Savigny § 57.

obligations, le concours des créanciers, et à placer le crédit réel dans le livre des autres droits de cette espèce.

Les raisons de la première transposition ont déjà été fournies; celles de la 2me et de la 4me sont si claires, que je crois inutile de les rapporter, et celles de la 3me, quoique moins évidentes, me semblent aussi incontestables, parce que le concours des créanciers se résout, en dernière analyse, dans la dispute des préférences; la préférence est une qualité inhérente au crédit, et il n'en fallait pas davantage pour la placer dans le livre correspondant, c'est-à-dire, dans celui des obligations, qui sont le même crédit, considéré passivement.

13. Ces altérations étant faites, je n'étais pas encore satisfait, car, toutes les fois que je regardais l'index, mon attention était attirée par la relation naturelle qui reliait le dernier livre de la partie générale au titre 1er du livre 2me de la partie spéciale, où avait été articulé le droit des obligations; mais j'hésitais à passer ces dernières au livre 1er, où avait été articulé le droit des choses, parce que je ne connaissais pas une autorité notoire sur laquelle je puisse m'appuyer pour cette innovation, et je craignais d'être taxé d'original, sur une matière d'une si grande responsabilité.

Heureusement, ayant communiqué mes souhaits et mes craintes à un illustre professeur de la Faculté de droit de Genève, ce dernier, non seulement approuva mon idée, mais il l'appuya avec l'exemple du projet de Code civil allemand, dont il eut l'obligeance de me traduire la table pour me tranquilliser (12).

Avec un pareil exemple je n'hésitai plus, j'établis aussitôt le plan définitif qui, à la seconde révision, resta tel qu'il est et qu'on peut voir par le présent tableau :

Partie générale	Livre 1.	Des personnes (4 titres).
	» 2.	Des biens (4 titres).
	» 3.	Des faits et actes juridiques (5 titres).
Partie générale	Livre 1.	Des obligations (20 titres).
	» 2.	De la possession de la propriété et des autres droits réels (10 titres).
	» 3.	Du droit de famille (14 titres).
	» 4.	Du droit des successions (4 titres).

14. Le plan définitif de mon travail, ainsi résolu, je crus de mon devoir de le compléter, en lui ajoutant un projet préliminaire sur « *les effets de la loi dans le temps, dans l'espace et par rapport à son objet* » et enfin un autre sur l'unification de de notre droit privé, sur la révision définitive du Code civil, cinq années après sa mise en exécution, et la révision périodique décennale de tous nos codes.

(12) M. Louis Bridel, professeur de *Législation Comparée* à l'Université de Genève. — Ceci s'est passé en octobre de l'année dernière, et la traduction de M. R. de la Grasserie n'a été publiée qu'en janvier de cette année.

Quant au projet préliminaire, j'ai déjà donné à l'*Appendice B* les raisons pour lesquelles je ne l'incorpore pas dans le Code civil, malgré l'exemple contraire du Code Napoléon et de ses imitateurs; d'autant plus qu'en ma faveur, il y a d'autres exemples, aussi autorisés qu'illustres, surtout ceux du Code civil de la Hollande, et même de l'Italie, lequel d'ailleurs, a été calqué sur le Code français.

Le développement, que je lui ai donné, peut paraître inaccoutumé, mais il faut remarquer qu'il contient à peine deux articles de plus que le titre préliminaire du projet de révision du Code belge, organisé par M. Laurent, et que l'un d'eux a seulement pour but de fixer la date d'exécution de notre futur(?) Code civil.

L'idée des dispositions additionnelles sur la révision définitive du Code, cinq années après avoir été adopté, si toutefois il l'est, m'a été suggérée, la première fois, par l'art. 7 de la Charte de loi du 1er juillet 1867, qui a approuvé le projet de Code civil portugais, et, dernièrement encore, confirmée par l'imitation consciente et amplifiée du moderne Code civil espagnol de 1889, dont la première révision aura lieu l'année prochaine.

CHAPITRE DEUXIÈME

Difficulté de l'exécution

15. De ce qui vient d'être dit on voit qu'à la date de mon contrat j'avais déjà un plan établi et que j'y ai dépensé peu du temps, qui m'avait été accordé, puisque les changements que j'ai eu besoin de faire, ont été exclusivement dans l'ordre et dans la position respective des matières; de sorte qu'ils n'ont en rien diminué le contenu de l'art. 1er, pas même la suppression du bénéfice de la restitution *in integrum*, laquelle avait été prévue dès lors.

Cela m'a permis de faire beaucoup de chemin en peu de temps, mais ne m'a pas évité les difficultés que j'avais prévues dans l'exécution et, encore moins, d'autres, par hasard plus grandes, qui me sont apparues à propos de certaines matières quand il m'a fallu les articuler et, enfin, d'autres encore impossibles à prévoir et résultantes de la législation postérieure, surtout de la Constitution fédérale, contre laquelle je n'ai pas voulu me servir de la grande liberté, d'ailleurs si nécessaire, que me garantissait l'art. 2me du contrat.

Ces difficultés, cependant, ont porté les unes, sur la forme, les autres, sur le fond, et ces dernières peuvent encore être subdivisées en intrinsèques ou inhérentes à la nature du sujet, et en extrinsèques ou issues de causes étrangères.

16. Etablir la forme convenable pour un travail de cet ordre

n'est pas chose facile, et la maintenir à travers l'immense étendue et l'abondante variété des sujets, c'est chose très difficile.

J'ai fait mon possible pour ne pas oublier, dans cette matière, les préceptes conseillés aux codificateurs par les maîtres (13) auxquels j'ai déjà fait allusion à l'*Appendice B*, et où je prie le lecteur de se reporter une fois encore.

Sans vouloir être casuistique, j'ai souhaité d'être complet, autant que possible, et, sous ce point de vue, il me semble que le projet peut affronter la comparaison avec n'importe quel autre; mais j'ai toujours tâché moins de prévenir les hypothèses, que de n'omettre les principes.

Cela n'empêche pas que beaucoup des dispositions pourront paraître un peu plus réglementaires que ne le comporte un code, mais il y a quelques matières, comme les actes de l'Etat civil, les contrats, les partages, etc , qui se trouvent disposées sous cette forme dans tous les codes, et il y en a d'autres que les législateurs ne parviennent à résumer qu'en les renvoyant aux lois spéciales et, sur ce point, j'ai été forcé de les imiter plus d'une fois (14).

17. J'ai défini ou indiqué, d'une manière précise, les idées capitales de chaque matière, toutes les fois que cela m'a paru nécessaire, surtout dans la partie générale, et j'ai laissé le moins possible à la jurisprudence, parce que nous n'en avons jamais eu, et que nous n'en aurons pas de sitôt, ayant égard à nos habitudes judiciaires, à l'étendue du territoire, au manque de voies de communication, à l'indifférence générale pour toutes les questions passées, à l'insuffisance des revues spéciales, qui mettent à la portée de chaque tribunal ce qui se passe dans les autres ; et si cela se passait déjà au temps de l'Empire unitaire, c'est à grand'peine qu'il n'en sera pas de même sous la République fédérative.

18. J'ai cherché à être concis et clair, autant que possible, clair surtout; et à cette qualité primordiale d'une loi, qui intéresse toutes les classes, j'ai sacrifié sans hésitation, ni peine, tout ce qui pouvait paraître une élégance raffinée de phrase ou pure obéissance aux classiques, en gardant à peine le respect qui, en tout cas, est dû à la grammaire.

Je crois que, sur la concision des articles, les autres projets ne l'emportent pas sur le mien, et à plus forte raison le projet allemand et le Code italien. Le premier possède des articles de 25 à 33 lignes, et le second de 20 à 25, sans un seul paragraphe (15). Dans le mien, les plus longs, dont je me souvienne, n'en ont pas plus de 12 (143 et 282), et toutes les fois qu'il y en

(13) Blondeau, *Essais sur quelques points de législation*, etc., nº 17; Rossi, *Mélanges d'Econ. polit.*, etc.; *De l'étude du droit*, etc.

(14) Le projet allemand ne règle pas les actes de l'état civil, pas plus que le Code espagnol les hypothèques, ni le Code fédéral suisse des obligations ne règle le droit des auteurs en général, etc.

(15) Exemples du projet all. art. 171, 693, 724 et 769 et Code civil italien, 26, 783, 915 et 922.

avait un qui devait contenir une matière dépassant cette limite, il était invariablement divisé en paragraphes, comme per exemple l'art. 1723, qui en a onze, et l'art. 1848, qui en a treize.

Pour me garantir contre l'obscurité du texte, qui, en général, semble clair à celui qui le rédige, je me suis associé, pour la révision finale, un ami très instruit et médecin distingué, mais complètement ignorant en jurisprudence, et toutes les fois qu'il éprouva de la difficulté à comprendre quelque article, à partir du 1er, du projet préliminaire, j'ai modifié la rédaction jusqu'à ce qu'il fut satisfait.

Quant à l'orthographe, sans suivre la phonétique, ni affronter l'étymologique, j'ai toujours préféré la plus simple, parmi celles acceptées et admises.

19. Parmi les difficultés de fond, la première qui s'est présentée, a été la détermination précise de la matière que doit contenir un Code civil.

Mes idées, sauf la modification déjà expliquée au chapitre antérieur, sur l'avantage de réunir le droit de famille pur et appliqué, ont été exposées à l'*Appendice C* et se trouvent formulées à l'art. 1er du projet.

De la rédaction de celui-ci, on peut conclure que, d'après ma manière de voir, le Code civil doit régler le droit de famille et celui des biens, c'est-à-dire de la propriété et du crédit.

Cette conception est la même formulée par Savigny, dans la synthèse de son *traité* (tome 8me § 361) et suivie par le conseiller Ribas, dans l'introduction de son *cours* de *droit civil* (tome 1, tit. 4, chap. 2, § 4) et de laquelle il résulte que le § 3, du dit article, pouvait être très bien dispensé. Cependant, ne pensera pas de même celui qui connaîtra comment vivent, dans cette terre exhubérante de richesses naturelles, la propriété particulière et les industries productives, entre les griffes d'un triple fisc, armé d'une procédure violente, qui a même été transmise à des compagnies étrangères (16), d'une exécution toujours prête, dont le plus grand inconvénient n'est pas la surprise du contribuable, et d'une jurisprudence aussi commode qu'absurde, qui résout toutes les difficultés contre lui, quoique ce soit exactement le contraire qui est enseigné dans les chaires d'herméneutique des Facultés officielles.

D'ailleurs, il n'y a rien de plus vulgaire dans le parquet de la capitale fédérale que l'exécution fiscale pour des impôts déjà payés, car l'on y applique pas la peine de l'Ord. liv. 3 tit. § 36 (17), qui d'ailleurs devrait retomber sur le fonctionnaire coupable de la double exécution.

(16) Moi-même j'ai déjà été actionné par le fisc au nom de l'une d'elles, à cause de travaux non compris dans son contrat avec le gouvernement et faits dans un immeuble qui dans ce temps-là appartenait à un autre propriétaire.

(17) Du temps de l'empire, quand j'étais deputé, j'ai déjà proposé dans ce sens une interprétation authentique sous forme d'amendement à un projet. Il a été repoussé sans discussion et je ne sais si c'est parce qu'on l'a considéré mauvais ou inutile.

Le contentieux administratif ne peut pas avoir le dernier mot sur les droits litigieux des citoyens d'un pays libre, et le for privilégié, ses juges, sa procédure spéciale et ses agents multiformes, qui se trouvent presque partout, doivent suffire au fisc.

20. Il résulte également du texte de l'art. 1er du projet qu'un code spécial pour le commerce ne me semble pas nécessaire.

La matière du Code commercial est la même que celle du Code civil, sauf quelques exceptions en faveur d'une classe. dont l'importance ne peut être niée, mais dont je suis loin de reconnaître, sous un régime démocratique et républicain, les privilèges en nombre capable de constituer une législation à part. Car le plus grand bienfait de la véritable démocratie est le droit commun, c'est-à-dire l'égalité devant la loi.

Si cette classe, par la nature de ses opérations et par la nécessité de les faciliter, autant que possible, a besoin de quelques dispositions exceptionnelles, elles pourront parfaitement entrer à ce titre dans le Code civil lui-même, comme l'a compris le législateur du Canada, qui leur a à peine consacré 338 articles, inclusivement 126 sur la matière des assurances qui, d'ailleurs, aurait aussi pu être comprise parmi les autres contrats, dans le droit des obligations, comme le fait par exemple le Code civil de Zurich et quelques autres : *Frustra fit per plura quod per pauciora fieri potest.*

Je ne l'ai point fait, cependant, parce que j'ai craint d'être taxé d'original sur un sujet aussi important, car l'exemple du Canada, simple colonie (quoique dotée de lois capables de provoquer l'envie de la métropole), pouvait ne pas paraître suffisant pour expliquer l'innovation. Celle-ci, d'ailleurs, n'avait pas été prévue dans mon contrat, et demandait plus de travail et, surtout, plus de temps, que celui qui m'était accordé ; et sa durée, quoique plus courte que celle accordée aux précédents contractants, fut taxée de trop longue, dans les deux palais du congrès. Et au congrès on fit encore davantage, pour cette cause ou pour tout autre : on proposa la rescision de mon contrat, quoique l'on sût que, pour l'exécuter dans les meilleures conditions, je m'étais absenté du pays et avais déjà l'ouvrage très avancé ([15]).

Sur ce point donc, comme sur bien d'autres, j'ai cédé, non seulement à la force des circonstances, comme aux idées dominantes, me bornant à proposer, sur ce sujet, ce qui est contenu au § 1 de l'art. 3 des « *Dispositions additionnelles transitoires* ».

21. Au moment de l'articuler, une autre difficulté, tout aussi

([15]) Cette urgence, cependant, ne semble pas exister dans l'opinion du gouvernement, qui, ayant à peine quatre mois à compter depuis la présentation du projet, pour résoudre son acceptation, et l'ayant à sa disposition depuis le 23 février, n'a constitué que le 25 mai, la commission de revision, qui devait émettre son avis dans l'espace de trois mois.

sérieuse que la précédente, s'est présentée à moi, sur le contenu du projet.

Avant le Code Napoléon, les civilistes, en général, s'occupaient toujours, sinon de la *théorie* de la *procédure*, du moins de la *doctrine des actions*, comme matière intégrante de sa spécialité. C'était une tradition du droit romain, respectée jusqu'au commencement de ce siècle par tous les codificateurs, inclusivement le portugais, mais abandonnée par les rédacteurs du Code français, qui ont été imités, sur ce point, par presque tous ceux qui les ont suivis. Malgré ces exemples, n'était-ce le manque de temps et l'urgence du travail (généralement reconnue tant qu'on a douté de son achèvement), j'aurais peut-être inclus, dans le 3me livre de la *partie générale*, un titre pour la *doctrine des actions*, quoique limité à leurs divisions et sous-divisions principales et avec les indications respectives, ainsi qu'un autre pour la *théorie de la procédure civile* en général (à laquelle pour ne pas être *procès*, il lui suffit d'être théorie), quoiqu'ils puissent paraître sortir de mon sujet.

Et je dis — puissent paraître — parce que, en réalité, je ne sortirais pas de mon sujet, et, pour s'en assurer, il suffira de ne pas confondre « l'action, droit subjectif » inhérent à un autre quelconque, nié ou offensé, avec « l'action, moyen objectif » ou procès, c'est-à-dire moyen pratique de faire valoir le droit violé, devant et moyennant la justice sociale organisée.

Plusieurs des Codes civils, que je connais, comprennent non seulement la théorie, comme le réglement de la preuve (l'italien, par exemple) et ce réglement, du moins, est plus *processuel* que la théorie de la procédure, car il fait partie de celle-ci, dans son sens propre.

22. Lorsque, en 1817, le premier des traités élémentaires de Poncet, professeur notable de la Faculté de droit de Dijon, fut publié sous l'anonymat, Blondeau, le célèbre professeur de la Faculté de Paris, dans un opuscule, qui fit beaucoup de bruit à cette époque et qui n'est pas encore tout à fait oublié en France, combattit, dans les termes les plus positifs, l'idée que la *doctrine des actions* était matière de la procédure, comme on peut, d'ailleurs, vérifier par la note *infra* [10].

Savigny, dans son célèbre *Traité*, après avoir établi au § 361, déjà cité, les rapports de fait qui peuvent servir à déterminer le siège des rapports de droit, formule certaines régles applicables aux cas de conflits entre les lois nationales et les lois étrangères. La troisième de ces régles est la suivante : « Le juge doit toujours appliquer le droit de son pays, quant à la

(19) Ouvrage cité à la note 13, opuscule n° 9. « A-t-on pensé que la matière des actions appartient essentiellement au procès? Ce serait une grave erreur...

« Pour se convaincre que le traité des actions appartient au droit privé proprement dit et non pas au procès, il suffit de remarquer que celui-ci n'est que l'ensemble des formes à suivre dans l'exercice de nos droits et que les actions sont des droits par elles-mêmes. »

2

procédure des actions intentées devant les tribunaux respectifs, en remarquant, cependant, que plus d'une règle, *qui semble être de procès*, appartient, *en réalité*, au rapport de droit en litige. »

Mackeldey, dont le *Manuel* est devenu un ouvrage classique de droit, dès qu'il a paru, intitule la 3me section de sa partie générale, correspondante au livre 3 du projet : *Des droits et des moyens de les poursuivre* (§ 120, *Trad de Behring*).

Les deux projets de Code civil les plus notables, que je connaisse, parmi les modernes, le belge et l'allemand, ont rompu avec la tradition du Code français, en réglant spécialement quelques actions, que les auteurs de ce dernier ont renvoyées au Code de la procédure civile. Le premier contient des chapitres spéciaux sur la revendication et la pétition de l'hérédité, et le second règle, non seulement ces deux actions, mais encore celle *ad exhibendum*, le serment de manifestation, ce qu'on appelle le *procès provocatoire*, la chose jugée, et le droit de rétention qui, d'après la théorie française, est, en règle, une matière de simple exception.

Je dois, cependant, avertir que tous les deux avaient été précédés d'un Code de procédure civile, ce qui n'est point le cas de mon projet.

Le projet allemand va plus loin : il descend maintes et maintes fois à des dispositions purement processuelles, comme, par exemple, celles des articles 14, 171, 693, et il en est de même du Code civil de Zurich, dans ses articles 215, 331, 336, 363 et suivants.

La jurisprudence française, elle-même, consacre la maxime, parfois véritable, *la forme emporte le fond*, qui justifie dans plusieurs cas ces minuties en un Code civil, et est toujours applicable à ceux où la forme du titre (matière de l'Eurématique) décide de l'efficacité du droit, comme lorsque l'instrument écrit ou public est de la substance de l'acte.

23. Ce n'était donc pas le point d'appui qui me manquait pour amplifier le cadre du plan. Toutefois, comme l'opinion, qui me semble préférable, n'est pas si liquide, qu'on puisse la dire courante, et que la question avait pour nous une importance spéciale, depuis que le § 23 de l'art. 34, de la Constitution fédérale, a réservé aux législateurs des Etats, la procédure des tribunaux respectifs, j'ai été le plus sobre possible relativement à cette matière.

Il y a des cas, cependant, où il m'a paru que le projet resterait sans vie, sans mouvement et, par conséquent, sans exécution, ou sous la dépendance de la promulgation de vingt Codes de procédure, presque tous encore d'un avenir très éloigné — et, dans ce cas-là, je n'ai pas reculé devant la censure d'exorbitant ; non seulement à cause des raisons exposées, mais encore parce que j'entendais que la Constitution n'a exclu de la compétence fédérale, que cette partie de la procédure qui dépend de l'organisation judiciaire locale, réservée à la législature des Etats respectifs [20].

D'autres raisons encore plus pratiques ont agi sur mon esprit pour comprendre, dans le projet, des dispositions qui pourraient paraître processuelles, malgré que le congrès les tînt comme telles.

Le cas s'étant présenté, celui-ci pouvait les approuver, en les séparant, pour les déclarer non obligatoires aux tribunaux locaux, ou pour ordonner leur insertion au Code de la procédure civile, lors de son organisation par la commission de révision définitive du civil, aux termes de l'art. 3 des *dispositions additionnelles*.

D'une façon, comme de l'autre, on aurait pu concilier ce respect méticuleux pour l'autonomie des Etats, dans son sens le plus étendu, avec l'exécution immédiate du projet.

24. Les peuples qui, ainsi que le Suisse, l'Américain du Nord et l'Allemand, sont partis de la séparation vers la fédération, ne cessent de travailler pour l'unité de leur droit.

En Allemagne, la tentative du 15 novembre 1871 ayant échoué, on parvint à la faire réussir deux années plus tard, grâce à la loi du 20 décembre 1873 qui modifia le nº 13 de l'art. 4 de la Constitution Impériale et qui déclara matière fédérale tout le droit civil, processuel et criminel. Elle a, depuis 1887, un projet de Code civil, qui est encore à l'étude, et peut-être qu'à cette heure, celui de la procédure fédérale est déjà terminé.

La Suisse, après avoir eu un Code civil pour chaque canton, s'est vu forcée de promulguer un Code fédéral des obligations, et, ensuite, diverses autres lois fédérales tendant à unifier son droit privé ; mais en dernier lieu elle semble résolue à n'avoir qu'un seul Code civil, dont on prépare déjà activement le projet.

Aux Etats-Unis de l'Amérique du Nord, les inconvénients de la variété de législation, qui en partie a déjà été unifiée, se font sentir tous les jours, partout et dans les rapports les plus importants, en commençant par ceux de la famille.

Un individu, qui ne peut pas se marier légalement dans un Etat, se trouve en mesure de le faire dans l'État voisin. Deux conjoints, qui éprouvent, dans leur Etat, de la difficulté pour rompre le lien qui les gêne, peuvent facilement y parvenir, moyennant le simple passage d'un fleuve ou de tout autre frontière, purement idéale.

Si partout se font sentir les maux des différences de législation dans un même pays, si l'*universalisation* du droit doit être le premier pas vers la confraternité des peuples, je ne comprends pas pourquoi, nous autres, qui sortons à peine de l'unité la plus complète vers la fédération la plus récente, devons nous mettre à éplucher des textes isolés, et à rechercher

(20) L'art. 34 déjà cité dit ce qui suit : Il appartient au Congrès National exclusivement § 23. « de légiférer sur le droit civil, commercial et criminel de la République et sur la procédure de la justice fédérale. »

des nuances de la technologie juridique pour relâcher ce lien de l'union, qui périclite, quand il y en a pas de plus fort, ni de plus durable que celui du droit commun.

25. Les lois finissent toujours par entrer dans les us et coutumes des peuples, qu'elles régissent, lors même qu'elles n'en sont point issues, comme cela arrive le plus souvent, et doit même arriver.

L'habitude est une seconde nature; la nature ne procède pas par bonds, et un législateur prudent doit l'imiter, parce que... *Nunquam aliud natura, aliud sapientia dicit.*

Les races latine et teutonne ont brisé tous les liens qui, jadis, les unissaient : religion, gouvernement, littérature, etc. Mais le droit romain est resté et continue à être appelé *commun*. C'est le trait d'union qui plane sur elles et qui a survécu à la rupture de toutes les autres.

Ensuite, en hypothèse, la distinction est si discutable et la différence si indécise qu'on ne peut trouver une définition plus hasardée, ni un cas auquel on puisse mieux appliquer la célèbre phrase de Javolenus : *Omnis definitio in jure civili periculosa est, parum est enim ut non subverti possit* (21).

26. Mais là ne s'arrêtent pas encore les difficultés issues de la Constitution fédérale, contre laquelle, ainsi que je l'ai dit, je n'ai pas voulu me servir de l'amplitude de l'art. 2 du contrat, quoique ce dernier lui fut de beaucoup antérieur, et que le Gouvernement, avec lequel je l'ai traité, fut de fait omnipotent.

C'était mon idée, en traitant des personnes, de mentionner à peine la division qui les distingue en nationales et étrangères ; division qui appartient plutôt au droit public qu'au droit privé, et qui se fait chaque jour moins sentir dans les domaines de celui-ci. Mais tous les Codes civils, que je connaissais, s'occupaient d'elle d'une façon plus ou moins détaillée et la Constitution a rendu si bon marché l'acquisition des droits de citoyen brésilien aux étrangers et leur perte aux nationaux, laissant les applications respectives à la législation ordinaire, qu'il m'a semblé urgent de les établir, soit parce que la matière exigeait, sans perte de temps, des dispositions complémentaires qui pussent prévenir des conflits internationaux, sans cela inévitables ; soit parce que notre nationalité ayant été ouverte à tous les étrangers résidant dans le pays, il devenait urgent de régler la preuve de ce droit, dont l'exercice ou le renoncement ne peut, ni ne doit, rester indéfiniment dépendant de leurs intérêts ou de leurs caprices.

De là, l'idée du registre obligatoire des naturalisations, comme il existe dans d'autres pays et a été récemment consacré par le Code civil espagnol, qui a poussé la rigueur, en cette matière, au point d'exclure tout autre moyen subsidiaire de preuve (22).

(21) *Farg.* 202 *D* de *Regul. Jur.* (50, 17).
(22) Code civil espagnol, art. 25.

27. Dans le même livre Ier de la *partie générale* et encore à propos de la classification des personnes, une autre difficulté s'est dressée, peut-être plus grave, car il s'agissait, non plus de la preuve du droit de la personne, mais de la définition du droit en lui-même.

L'état un peu vague et indéfini ou, du moins, incomplet de notre législation, aussi codifiée qu'extravagante, sur les personnes juridiques; l'insuffisance de quelques dispositions du droit subsidiaire, et l'inconvénient de quelques autres sur cette création juridique, m'imposaient la nécessité de préciser, autant que possible, les idées du projet sur ce point-là.

Cette nécessité étant d'autant plus grande, que je ne pouvais pas, d'autre part, attaquer avec efficacité la *main-morte*, qui offre tant de danger dans un pays nouveau, immense et dépeuplé, où la terre n'a presque pas de valeur, dès qu'elle est éloignée de ses peu suffisantes voies de communication, et où la vieille métropole, à la merci de ces lois antiques, quoique petite pour sa population, est arrivée déjà à voir la plus grande partie de son territoire exploité au nom des morts et au préjudice des vivants (23).

De là, le développement que j'ai donné à la matière sans l'épuiser toutefois, étant forcé, à cause de cela, à me reporter sur les points omis, à la loi no 1350, du 4 novembre 1882, la seule loi extravagante de l'ancien régime à laquelle j'aie fait allusion dans le corps du projet (24).

28. De la compétence incontestable du législateur fédéral pour conférer, et partant, pour restreindre la capacité civile des personnes juridiques, quel que soit ou ait été le mode de la constitution respective, j'ai déduit la faculté de restreindre la *main-morte*, au pouvoir de qui que ce soit, en faisant abstraction de la qualité de son titulaire; que ce soit une personne publique, comme l'Union, les Etats et les municipes, ou que ce soit une personne particulière et artificielle, comme les fondations et les corporations de durée indéfinie.

Et poussant plus loin les déductions de cette compétence, que je crois indiscutable, j'ai formulé, relativement à la propriété immobilière, des articles qui pourront paraître exorbitants et offensifs pour le droit de propriété des personnes juridiques, à ceux qui oublieraient le principe d'où ils découlent.

Ce principe est juridique, économique, politique et moral, et je n'avais pas besoin d'autre chose de plus, pour affronter une censure quelconque que soulevât son adoption, ce qui d'ailleurs était à prévoir.

29. La classification des biens publics, par rapport à leurs

(23) V. § 12 de la loi du 9 septembre 1769.

(24) Je n'ai pas fait allusion au décret nº 34 du 4 juillet 1894, comme me l'a suggéré une personne fort compétente, parce que c'est un acte du Pouvoir exécutif, lequel peut-être ne s'est pas tenu strictement aux limites de sa compétence pour expédier des règlements.

différents titulaires, d'après la Constitution fédérale, n'a pas été non plus chose facile.

Je les ai donc classés de la façon qui m'a paru la meilleure, sans outrepasser les limites qu'elle m'avait tracées, quoique, cependant, je sois d'opinion que l'Union était restée profondément lésée dans le partage. Mais c'était le cas de dire avec Ulpianus : *Quod perquam durum est, sed ita lex escripta est.* [25]

Malgré cela et, autant que me le permettait l'interprétation extensive, j'ai fait mon possible pour sauvegarder, non seulement les droits de l'Union, comme ceux des municipalités, dont l'autonomie a été et sera toujours illusoire, tant qu'elles n'auront pas des revenus propres et qu'elles ne se feront pas représenter par les plus capables de les bien administrer.

30. A ces difficultés, que je puis appeler constitutionnelles, sont venues s'en ajouter d'autres, résultant des lois postérieures, comme celles promulguées sur la voirie publique et les procurations, lesquelles m'ont forcé, toutes deux, à défaire et refaire de l'ouvrage déjà fait, pour ne pas affronter l'opinion authentiquement et solennellement manifestée du Congrès, auquel je pensais que mon projet allait être soumis.

Cela dit, je passe à le résumer, pour en donner une idée générale à ceux qui ne l'auront pas lu.

CHAPITRE TROISIÈME

Contenu du projet

SECTION I

Partie générale

31. Aux chapitres précédents, le contenu des deux parties, dans lesquelles se divise le projet, a déjà été indiqué. Je me bornerai, pourtant, maintenant, à indiquer les traits principaux des différents livres dans lesquels je les ai divisés.

---

32. LIVRE 1er. — Le titre 1er de ce livre déclare à peine, dans son unique article, la matière de tout le projet, en synthèse. Le titre 2me divise les personnes en naturelles et juridiques, et subdivise les premières en capables et incapables, y comprises non seulement celles qui ne peuvent pas exercer leurs droits (incapables proprement dites) comme celles qui jouissent d'un exercice limité (interdits).

Cela fait, il déclare une pure création de la loi les personnes juridiques, non seulement les politiques, dont la constitution et

(25) *Frag. 12, § 1, D. Qui et a Quib. manum.* etc. (40,9).

l'extinction sont réglées par le droit public, mais encore les civiles, dont elle remet le réglement à une loi spéciale (art. 19). Ensuite, le projet restreint l'acquisition de la propriété immobilière par les personnes juridiques, afin de limiter la *mainmorte*, qui n'est pas moins nuisible au domaine des personnes politiques qu'au domaine des personnes civiles. D'ailleurs, il ne pourrait pas la limiter efficacement, vu le § 3 de l'art. 72 de la Constitution fédérale. Enfin, le projet donne des régles particulières sur les fondations (*Stiftungen*) qui sont plutôt une agrégation de biens qu'une association de personnes.

33. Le titre 3me divise les habitants du territoire national en Brésiliens et étrangers, détermine les moyens de la naturalisation de ceux-ci et les cas de perte de notre nationalité, réglant en même temps la réacquisition de celle-ci, laquelle n'est accordée qu'au Brésilien d'origine et, même pour celui-ci, pas plus de deux fois.

Au § 2 de l'art. 52, j'ai réuni les matières du § 2 *bis* de l'art. 71 et celles de la fin du § 29 de l'art. 72 de la Constitution fédérale, parce que ces deux dispositions, quoique séparées, se complètent, l'une par l'autre. Elles dérivent de la même source [26] et il n'y a pas un seul motif qui permette la conservation de la nationalité au citoyen brésilien lié à un Gouvernement étranger, par la dépendance ou la reconnaissance d'un emploi ou d'une pension, qui *a fortiori* ne s'applique pas à celui qui en reçoit à peine un titre de noblesse ou décoration, parfois acheté au poids de l'or et qui partant n'oblige pas même à la gratitude.

Dans ce titre, il est permis à l'étranger résidant dans le pays, de donner sa nationalité à ses enfants qui y seraient nés, en tant que mineurs, quitte à ceux-ci d'opter, à leur tour, pour la nationalité brésilienne, lors de leur émancipation.

Dans le même titre les étrangers et les nationaux sont égalés, quant aux droits civils, sauf restriction expresse de la loi et notre droit d'exiger la réciprocité des pays qui nous la refuseraient.

34. Le titre 4me définit le domicile et ses différentes espèces, et règle l'option entre eux, au cas où le défenseur en aurait plus d'un, et que partant, cette option pourrait avoir lieu.

35. Livre IIme. Le titre 1er de ce livre s'intitule « Des biens en général ». On y distingue le droit réel, exigible *erga omnes*, du personnel, qui ne l'est pas que du débiteur, et les choses principales des accessoires, parmi lesquelles sont comprises et classées les améliorations.

On y indique aussi les droits des auteurs et des inventeurs, auquel je n'ai pas donné le nom de propriété parce que celui-ci est le droit réel par excellence. et qu'il n'y a pas, dans celui-là, une réalité objective à laquelle on puisse l'incorporer, ni un

(26) Const. des E.-U. de l'Amérique du Nord, art. 1er, § 9, no 8.

autre moyen pratique de le garantir qu'un « *interdit* légal et général » contre l'usage du produit (quoique exposé en vente et acquis légitimement) de manière à nuire aux intérêts pécuniaires du producteur ou auteur.

36. Et ce n'est pas seulement la réalité objective, qui manque à ce privilège de cause, ou de classe, pour être égalé à la propriété matérielle ; il lui manque aussi la raison d'être de l'exclusivisme, naturellement nécessaire à celle-ci et inutile à celui-là. L'impénétrabilité des corps empêche que la place occupée par quelqu'un dans l'espace soit simultanément occupée par un autre, et de là provient la définition classique ([27]) de la possession. Le pain qui nourrit Pierre, ne peut pas tuer la faim à Paul ; mais celui-ci peut transmettre ses connaissances à celui-là, sans que, de ce fait, elles soient le moins du monde diminuées. Bien au contraire, l'effort que nous faisons pour enseigner aux autres ce que nous savons, nous fait mieux connaître les choses que nous savions déjà : « *docendo disco* ».

Ce droit est, partout, une pure création de la loi, c'est-à-dire un privilège qui, à ce titre, peut être réglé par elle, suivant les besoins et les conditions du milieu social, avec plus ou moins d'étendue.

Toutefois, comme la matière est très importante et que sa théorie définitive est encore en état d'élaboration, je me suis borné à formuler quelques règles, et j'ai laissé le soin de sa réglementation à une loi spéciale ([28]).

Ici je devrais avoir mis aussi le droit aux concessions du Gouvernement et celui résultant des contrats publics, dont je signale l'omission pour qu'il y soit suppléé opportunément.

37. Le titre 2me traite des biens meubles et immeubles, y compris, dans la deuxième classe, les polices de la dette publique fédérale, lesquelles sont, en réalité, des titres de crédit, dont la spécialité ne devait pas leur faire perdre la nature propre. Mais cette classification n'est pas nouvelle dans notre droit : elle s'appuie sur l'exemple de plusieurs Codes étrangers, et a l'avantage de permettre, dans plusieurs cas, la substitution des biens, naturellement immeubles qui, d'ailleurs, seraient forcés d'être mis hors du commerce et, partant, parmi les inaliénables.

Outre cela, elle n'a plus cours aujourd'hui la maxime du moyen âge *mobilium vilis possessio*; bien au contraire, la richesse mobilière augmente chaque jour d'importance, par rapport à l'immobilière ; il y a des ménages très riches, qui ne possèdent pas un pouce de terrain, et sous le régime de la communauté (qui est le général parmi nous), la femme peut seulement avoir un vote restrictif pour la disposition des biens immobiliers contre l'arbitre du mari, qui, très souvent, après avoir dilapidé les biens qui lui viennent de sa femme, com-

([27]) *Frag. 1 pr. D. adq. vel. amitt. posses.* (41,2)

([28]) Dans la Suisse elle est réglée par la loi fédérale du 23 avril 1883.

mence à s'ennuyer auprès de sa compagne qui les lui a apportés.

Parmi les biens immobiliers par leur objet, figure aussi l'antichrèse qui pourrait, sans aucun inconvénient, être laissé comme une modalité de l'hypothèque, ou du gage. C'est à cela qu'elle est réduite, d'après le projet.

38. Le titre 3me distingue les biens, selon la qualité des propriétaires respectifs, en particuliers ou en publics; divisant ceux-ci en biens de l'Union, des Etats et des municipalités, et subdivisant chacune de ces espèces en biens d'usage commun, d'usage spécial, et en biens patrimoniaux. A ceux de cette dernière variété, quand ils consistent en biens immobiliers, je les traite comme la *main-morte* pour prendre des mesures, par rapport à sa conversion, sans toutefois y comprendre les terrains pas encore occupés et ceux que nous appellons « *de marinhas* », lesquels sont toujours supposés à la portée d'un acquéreur particulier quelconque, au cas où les providences proposées seraient acceptées.

Le chapitre 5me de ce titre consacre des dispositions, qui paraîtront peut-être un peu trop réglementaires et inopportunes dans un Code, mais cela ne me semble pas ainsi, dans l'actualité, et il est probable que, lors de la révision définitive du futur Code, elle pourra être supprimée sans aucun inconvénient.

39. Le titre 4me et dernier de ce livre traite des choses qui sont ou ne sont pas dans le commerce, distinction qui peut paraître indifférente, mais qui a un grand intérêt pratique, surtout dans les questions de prescription et d'expropriation par nécessité, ou utilité publique.

---

40. LIVRE IIIme. Le titre 1er de ce livre, qui s'intitule « des *Faits et Actes juridiques* », contient à peine une disposition générale indiquant sa matière, et le 2me, après avoir indiqué les effets généraux de la naissance et du décès, traite des livres du registre civil, inclusivement celui *des bans* et *du mariage*, les renvoyant, comme actes juridiques spéciaux, à la place qui leur convient dans le droit de famille.

Cependant, les registres des naissances et des décès, et celui de la naturalisation (espèce de naissance politique, qui souvent intéresse les tiers) s'y trouvent réglés, ainsi que celui de la constitution et de l'extinction des personnes juridiques, en règle annexé au registre immobilier (*prédial*) comme amplification de ce qui, chez nous, se pratique en partie déjà.

J'ai rendu considérablement difficile les fusions et les divisions des personnes juridiques, parce que leur personnalité est déjà une faveur de la loi et, suivant la vieille règle de droit, les dispositions exceptionnelles, quoique favorables, ne doivent pas être étendues jusqu'aux conséquences [29].

[29] *Frags.* 14, 15 et 16 *Dig. de legib.* (1,3)

Puis l'expérience a démontré que ces divisions et fusions sont en général promues par les directeurs, bien souvent au préjudice des tiers créanciers et toujours en sacrifiant les droits des actionnaires qui, s'ils ne sont pas la plus sotte classe de toutes celles qui composent notre société, forment décidément la moins apte à régir leurs biens.

Au chapitre 1er de cette exposition, j'ai déjà donné les raisons de la spécialisation des faits juridiques réglés au titre 3me de ce livre.

41. Le titre 4me traite, en général, des actes juridiques, des conditions et des délais et, en particulier, des actes relatifs aux droits réels et aux personnels, ainsi que de la capacité, du consentement et des vices de celui-ci, traitant en passant des actes pratiqués lorsque l'une des parties se trouve dans des conditions extraordinairement critiques, quoique la faute ne puisse être imputée à l'autre.

A propos des droits réels, il consacre la nécessité de la tradition (réelle ou symbolique, dans les cas où celle-ci est admise) pour la transmission de la propriété, selon la vieille doctrine du droit romain, consacrée modernement par les Codes civils de Hollande, de Zurich et par le projet de Code civil allemand [30], malgré l'exemple contraire du Code Napoléon, imité un tant soit peu négligemment par bien d'autres.

42. Cette doctrine m'a toujours paru non seulement plus conforme à la réalité objective, qui est une des caractéristiques de la propriété, comme à la sûreté de la même propriété, à la solidité du crédit et, par conséquent, à la garantie des créanciers et à l'intérêt des tiers, qui est, en dernière analyse, l'intérêt même du public.

Les deux derniers chapitres de ce titre traitent de l'interprétation des actes juridiques et de la théorie de leurs nullités, matières que je n'ai point considéré et que je ne considère pas *processuelles* par les raisons déjà exposées en leur temps.

Quant aux règles d'interprétation des actes juridiques, il y a des autorités remarquables qui combattent leur insertion dans la loi et préfèrent les laisser à la jurisprudence [31]. J'ai déjà dit pourquoi j'ai laissé le moins possible à celle-ci, et aux raisons alors données, on peut ajouter que la jurisprudence, par cela même qu'elle n'est pas la loi, peut toujours varier d'un tribunal à l'autre, selon les endroits, et dans le même tribunal, selon les altérations de son personnel et le changement d'opinions de celui-ci; outre que l'interprète, par cela même qu'il procède en l'absence de la loi, ne peut jamais agir avec la même latitude et la même sûreté de vues que le législateur.

(30) *Frag.* 31 *pr. Dig.* « *de adquir. rer. dom.* » (41,1) et L. 20 cod. « *de Pactis* » (2,3); Code civ. de la Holl., art. 639; art. 71 du Code civ. de Zurich, combiné avec les articles 199 et 200 du Code féd. des obl. — Projet du Code civ. allem., art. 874. Add. Code civ. espagnol, art. 1,095.

(31) Blondeau, *loc. cit.*

En attendant, si cette opinion prévaut au Congrès, il lui sera facile de résoudre l'objection, en permettant au juge de s'écarter des règles établies, au cas où leur application lui paraîtrait douteuse.

Dans les autres cas elles pourraient toujours rester comme un fanal pour la justice et un avertissement salutaire, sinon un point d'appui assuré aux parties contractantes et aux tiers intéressés.

43. Le cinquième et dernier titre traite de la forme des actes juridiques et des preuves légales, dont les matières, comme j'ai déjà eu maintes occasions de le dire, ne m'ont pas paru déplacées dans un Code civil. Je crains plutôt que ce livre semble insuffisant qu'exorbitant et, si lors de la mise en articles j'eusse eu connaissance du projet du Code allemand, je lui aurais ajouté deux titres de plus, voire même trois.

SECTION II

Partie spéciale

LIVRE 1er DES OBLIGATIONS

44. Le premier livre de cette partie comprend toutes les obligations civiles, en considérant comme telles, non seulement celles qui retombent sur les biens, mais encore celles qui, indirectement, peuvent se résoudre par leur diminution ou leur remplacement; quoique la cause ne soit pas civile : comme celle de payer des impôts ou rendre le bien exproprié.

Le titre premier traite des causes, modalités, transmission et extinction des obligations, en comprenant parmi les causes la loi, dont elles découlent, outre les deux espèces sus-mentionnées, qui par leur origine se rattachent au droit public, bien d'autres restrictions à la propriété et à la jouissance des biens, inclusivement quelques services fonciers.

A propos des modalités on définit et on règle les obligations conditionnelles, celles à terme, les alternatives et les solidaires, les divisibles et les indivisibles, et celles qui reçoivent une clause pénale. Sur chacune de ces espèces s'agitent des questions aussi nombreuses qu'importantes et beaucoup même d'une solution difficile.

Sur la plus grande partie d'entre elles, j'avais déjà une opinion établie, mais j'hésitais à propos de quelques autres; cependant, devant résoudre toutes celles qui me sont venues à l'esprit, j'ai cherché pour les autres une solution basée du moins sur des exemples de plus de poids.

45. Au chapitre 3, sur la transmission des crédits ou en d'autres termes des obligations, on exclut les dispositions spéciales sur les titres de crédit commercial, ceux de crédit réel ou au porteur, quoique le projet de Code civil alle-

mand comprenne, et à bon droit, ces derniers parmi ses dispositions [32].

Au chapitre 4, parmi les moyens d'éteindre les obligations, je mentionne comme d'habitude la novation et la compensation, indiquant cependant que la première, lors même qu'elle soit nulle, serve de reconnaissance et de preuve à l'obligation antérieure et que la seconde produise seulement son effet lorsqu'elle sera opportunément alléguée par la partie intéressée.

Cette doctrine, très combattue sous l'invocation du droit romain qui, à mon avis, consacre justement la contraire, ainsi que le fait le projet, a aussi été consacrée dans le projet de Code civil allemand [33].

46. Le titre 2me, cohérant avec la nécessité de la tradition établie au chapitre 2 du titre 4 du livre 3 de la partie générale, dispose que, sauf convention entre les parties, les risques de la chose vendue, jusqu'au moment de la tradition, sont à la charge du vendeur, selon la vieille règle de droit : « *Res suo domino perit.* »

J'ai eu l'idée d'abolir l'action rescisoire pour lésion, mais, cédant à des exemples des plus respectables [34], je l'ai conservée en faveur du vendeur d'immeubles, en restreignant cependant les conditions, le délai et les moyens de preuve; et je l'ai refusée à l'acheteur qui, du moins en général, n'est pas forcé d'acquérir la chose.

Les titres 3me et 4me, sur l'échange, la transaction et le compromis n'ont rien de remarquable, pas même ce que celui-ci contient de nouveau par rapport aux deux derniers contrats.

47. Le titre 5me traite de la location, qui, dans ses différentes espèces, a été le contrat le plus longuement réglé. A lui seul il a fourni de la matière à 138 articles, sans inclure l'exercice des professions libérales réservé pour une loi spéciale, ainsi que le service domestique, réglé au Droit de Famille, pour les raisons exposées à l'*Appendice B* et, malgré cela, il devait y avoir encore un chapitre spécial pour les biens meubles.

Tout en ayant égard au profond respect que je voue à la jurisprudence romaine, dont les monuments sont encore aujourd'hui les plus grands de la science du droit, je ne le considère pas *la raison écrite* et je n'hésite pas à rompre avec ses traditions toutes les fois qu'elles ne me semblent pas compatibles avec le milieu où je vis et avec les progrès de mon temps. Le lecteur en aura une preuve dans ce même titre.

Pour les Romains, la location était toujours un contrat consensuel [35] qui se résolvait comme il se formait, par le libre arbitre des parties [36] et qui de ce fait accordait à peine

[32] En ce moment même je crois que nous allons avoir une loi spéciale sur ce sujet.
[33] Art. 282.
[34] Code civ. ital., L. 3. tit. 6, chap. 6, § 2.
[35] *Inst.* L. 2, tit. 22.
[36] *Frg.* 35 *Dig.* de *Reg. Jur.* (50,17).

au locataire de l'immeuble rustique ou urbain (*colonus* ou *inquilinus*) la détention ou possession précaire, laquelle ne lui accordait pas même le droit aux interdits ([37]).

48. Par le projet, la location est un contrat comme les autres, qui n'accorde pas un droit réel avant la tradition (art. 226) et qui, en matière d'immeubles, a seulement des effets contre les tiers, après avoir été inscrit au registre immobilier (art. 301) ; mais une fois inscrit il est assimilable à la servitude personnelle d'habitation pendant le terme respectif (art. 1811).

Je fixe à celui-ci, ainsi que le fait le Code italien, un maximum de durée de 30 années ([38]), et au cas où il y en aurait une plus grande de stipulée, au lieu de l'annuler, à l'instar du même Code, j'accorde au contrat la nature d'emphytéose, ainsi que le faisait l'Ord. L. 4, T. 45, pour les locations d'immeubles pour plus de 10 ans.

Et que le lecteur ne soit pas froissé par le rétablissement partiel de cette Ordonnance, parce que, par le projet, l'emphytéose n'est plus perpétuelle et, après 30 ans elle pourra être rachetée par l'emphytéote ou consolidée par le propriétaire, si celui-là renonce à son droit de rachat.

49. A la règle du maximum de locations, j'ouvre une exception en permettant de stipuler à la fin de leur échéance, le renouvellement, lorsque le dit immeuble sera occupé par un établissement scientifique ou industriel d'une durée indéfinie.

De cette manière j'ai tâché d'éviter un blâme adressé au Code italien, même par un de ses plus grands admirateurs ([39]).

Dans ce même titre on règle le cheptel, ainsi que le fait le Code italien et tous ceux qui ont imité le Code Napoléon.

Néanmoins, comme il se présente des modalités qui constituent une vraie société, il peut aussi se régir par les dispositions régulatrices de celle-ci, c'est le cas de l'art. 837.

50. Le titre 6me, sur le contrat de l'édition, a été rédigé de façon à garantir plutôt l'auteur que l'éditeur, qui, en général, exploite le premier tant que celui-ci n'a pas atteint la célébrité. Or, celle-ci n'est pas donnée à tous, et d'ailleurs ceux-là même qui l'atteignent ne le font que trop tard pour éviter les sacrifices de leurs premières productions. Le législateur, partant, ne doit pas en tenir compte, puisqu'en général il doit prendre des dispositions pour le *quod plerumque fit*, c'est-à-dire pour ce qui arrive le plus souvent.

51. De ma conception j'ai déduit une conséquence qui peut paraître nouvelle : l'aliénation de son droit faite par l'auteur à l'étranger, n'a pas d'effet devant la loi brésilienne, qui ne reconnaît ce droit qu'au profit de l'auteur, soit tout seul, soit en société avec son éditeur.

(37) *Instit.* L. 4, tit. 15, § 5. *Frg.* 1, § 22. *Dig de vi & de vi* (43,16) L. 1er. Cod. « *commun de usucapion* ». (7,30).

(38) Art. 1571.

(39) Th. Huc. Le Code civ. ital., etc. *Observations* sur l'art. cité.

C'est sans doute une innovation importante, qui sera certainement agréée par tous ceux qui réfléchiront attentivement sur le sujet, exceptés toutefois MM. les éditeurs et, il faut bien le reconnaître, avec quelques apparences de raison, sous leur point de vue commercial et habituel.

52. Le titre 7me, sur la société, n'est pas complet; mais ce qui lui manque a été et devait être réservé pour la loi spéciale à laquelle nous renvoie l'art. 19.

Le titre 8me, sur le contrat de constitution de la rente, le déclare résiliable après un certain temps, si dans ce temps elle n'est pas garantie par l'inscription de biens immeubles sur lesquels elle puisse être consignée, ou par la caution de polices de la dette fédérale. Dans le premier cas le contrat serait alors régi par les dispositions du chap. 4 du titre 5 du livre suivant.

53. Le titre 9me règle les diverses modalités de l'assurance, contrat généralement réservé à tort à la législation commerciale, car il n'y en a pas de moins mercantile par rapport aux assureurs, qui représentent le public et qui ne cherchent pas à retirer des profits par leur intermédiaire, mais à peine à éviter des dommages.

J'ai cependant remis à une loi spéciale l'assurance contre l'incendie, non seulement à cause de sa diversité, mais parce qu'il me semblait que, du moins pour les immeubles urbains, elle devait être généralisée et rendue obligatoire, à l'exemple de ce qui se pratique dans quelques cantons de la Suisse [40]. J'ai aussi exclu de ce titre l'assurance maritime, eu égard au Code commercial, mais si j'avais voix au chapitre lors de la révision définitive, je comblerais cette lacune et je réduirais ce Code à une section du civil.

54. Le titre 10, sur le jeu et les paris, n'est pas fait pour plaire à leurs adorateurs, cependant il a été fait en leur faveur; car il n'y a pas de vice qui, dans ces derniers temps, ait causé plus de mal au Brésil et il semble que plus il laisse de débris derrière lui, plus l'ardeur et le nombre de ses adeptes augmentent.

Malgré cela j'établis à peine contre eux la présomption qu'ils sont prodigues et de leur temps et de leur argent, et en leur faveur la nullité de leurs imprudents compromis.

55. Le titre 11 règle la donation qui, comme contrat civil, n'a pas été l'objet de mes prédilections, car son mobile réside beaucoup moins dans la justice que dans la charité, et celle-ci ne rentrait pas dans mon sujet.

De plus, on a tellement abusé parmi nous du droit de donner, que la donation devient tous les jours plus suspecte de ne pas être un contrat gratuit.

De là les restrictions que je lui oppose, surtout par rapport aux fonctionnaires publics, restrictions que lors même qu'il

(40) Dans celui de Zurich par exemple.

faudrait les modifier ne devraient pas être supprimées. Ces restrictions par rapport aux descendants, ont encore une autre cause. Ils ont droit à la légitime; celle-ci est une dette et est une règle de droit : « *Nemo liberalis nisi liberatus.* »

56. J'ai laissé cependant une marge assez grande pour les donations entre vifs qui peuvent être nécessaires (lesquelles sont toutes dispensées de la collation) et, pour les *causa mortis*. l'ascendant garde la libre disposition de la moitié de ses biens, outre la faculté, sauf certaines restrictions conseillées par l'équité, de déshériter de l'autre moitié ses descendants sans déclarer le motif. J'ai défendu cependant les donations secrètes de l'ascendant aux descendants, refusant à ces derniers, par rapport à celles-ci, même les avantages du possesseur de bonne foi. Si le premier a une raison de préférence justifiée pour un de ses descendants quelconque, qu'il use de son droit à la lumière du jour et en pleine connaissance des autres, à qui il doit, en plus de l'héritage, l'éducation, dont les moyens les plus efficaces sont les exemples de franchise et de probité.

Le projet a pour but d'établir et de régler le droit qui n'a presque jamais besoin du secret et a très souvent besoin de la publicité.

57. Dans les titres 12 à 16, il n'y a pas d'innovations dignes d'être mentionnées en particulier. On y règle le commodat, l'emprunt, le dépôt et la caution.

Le titre 17 des quasi-contrats est incomplet. Il devait contenir quelques dispositions sur les gains illégitimes et les promesses faites publiquement à celui qui rendra un service réclamé par l'offrant.

58. Au titre 18, à propos des obligations résultantes du délit ou du quasi-délit, on prévient et on réprime les fautes et les négligences des entreprises de transport, maîtres de fabrique etc., et, comme cette responsabilité a toujours été frustrée par la difficulté de la liquidation, on y établit des règles générales dans ce but, à l'exemple d'autres législations et, en particulier, du Code civil portugais (11).

59. Le titre 19, en traitant de l'obligation de payer les impôts, remet le réglement de ceux-ci aux lois respectives spéciales, en affirmant toutefois le principe que le revenu, ainsi que la propriété, est un droit civil et que, partant, ses restrictions doivent être soumises, en définitive, à la juridiction des tribunaux et non pas à l'arbitraire de l'administration.

60. Le titre 20 et dernier de ce livre, traite de l'insolvabilité du débiteur, avouée et accompagnée de la cession des biens, ou vérifiée judiciairement; ainsi que du concours des créanciers, de la liquidation de la masse et de la graduation des crédits.

J'ai déjà donné autre part les raisons pour lesquelles figurent en ce livre cette matière, que j'ai tâché de simplifier, en

(11) Cette matière, en Suisse, est réglée par différentes lois fédérales, parmi lesquelles peuvent être citées, comme étant les plus importantes, celles du 1er juillet 1875, du 25 juin 1881 et du 26 avril 1887.

conciliant, autant que possible, le droit avec l'équité par rapport au débiteur devenu insolvable pour un cas fortuit ou de force majeure.

La source principale de cette partie du projet a été le droit hollandais, qui, à son tour, — le fait me semble vérifié, — a été puisé à notre ord. livre 4, titre 74.

---

61. Livre IIme. Ce livre s'intitule de la *Possession de la propriété* et *des autres droits réels*, et de son inscription on voit de suite que parmi ceux-ci je considère la possession, c'est-à-dire, celle qui est titrée; qui peut être opposée au propriétaire même de la chose, comme celle du créancier, à titre de gage ou d'antichrèse, de l'usager, du locataire à terme fixe, de l'usufrutier et, parfois même, celle du dépositaire.

Cette conception, contraire à celle de Savigny, qui a une si grande vogue parmi nous et qui est un peu abandonnée dans son pays, où d'ailleurs elle a déjà eu un grand retentissement, n'est pas nouvelle et il ne me semble pas qu'elle puisse être combattue avec quelque avantage [42], du moins, à la lumière des principes du droit, en son état actuel.

Il est bien entendu qu'il ne s'agit pas là de la simple détention, mais de la possession *cum animo sibi habendi*, laquelle peut être et est très souvent un simple *fait* (qui à son tour, peut être *licite* ou *illicite*) et d'autres fois un droit et, dans ce cas toujours *réel*, parce qu'il n'y en a pas un autre, qui mette en rapport plus direct le sujet avec l'objet.

Dans le même titre, on règle aussi la possession des droits, auxquels l'école donne le nom de *quasi-possession*.

62. Le titre 2me traite de la propriété, en général, comprenant non seulement la propriété singulière ou la propriété proprement dite, mais la propriété collective ou co-propriété; en s'occupant, quant à cette dernière, du droit réciproque qu'a chaque co-propriétaire de demander aux autres le partage du bien commun ou (au cas où ce dernier ne serait pas possible, ou ne le serait qu'avec une moins-value de la chose, ou au préjudice de sa destination antérieure) celui de demander la licitation entre eux ou la vente aux enchères publiques au plus offrant, *ad instar*, de ce qui est dit sur le partage entre les co-héritiers, dont les dispositions y sont déclarées applicables, à la fin du même titre.

Cette alternative a été puisée à l'art. 399 du Code civil de Berne et à l'art. 116 du Code de Zurich, et je crois qu'elle évitera neuf dixièmes de nos interminables et dangereuses questions sur la propriété des immeubles, de même que le besoin

[42] Après Ihering la célèbre « *Monographie* » du grand maître a beaucoup perdu du terrain conquis autrefois. Parmi les professeurs avec lesquels il m'a été donné d'être en rapport en Europe, pas un n'était tout à fait *Savigniste* en matière de possession.

de bornages, dont le coût dépasse, en général, la valeur des terrains respectifs.

63. Le titre 3me règle l'acquisition et la perte de la propriété immobilière, ainsi que les droits de voisinage, dont quelques-uns sont de véritables servitudes légales, et l'emphytéose, qui est conservée sans son caractère féodal de perpétuité, moyennant la faculté de la racheter, ou, dans le cas où l'emphytéote y renonce, moyennant la consolidation. Cela doit faciliter la détermination du mien et du tien, dont la confusion est toujours la cause de demandes, qui troublent la paix des familles sur laquelle reposent l'ordre et la tranquillité publique.

Je n'y traite point de la superficie, car elle ne me semble pas une modalité indispensable du droit réel, et je traite à peine de la sub-emphytéose pour m'occuper de son abolition, sans autoriser, toutefois, la confiscation sommaire et commode, à laquelle se croient actuellement en droit, à titre de *dédit*, quelques emphytéotes et titulaires du domaine direct.

De cette façon, je me maintiens dans un juste milieu entre le Code Napoléon, qui a aboli aussi bien la superficie que l'emphytéose, et le projet allemand qui consacre les deux, en donnant au dernier le nom de droit de préemption ou de préférence pour l'achat, auquel il a été réduit de fait par le même projet [43].

64. Le titre 4me traite de la propriété mobilière et des façons de l'acquérir, non comprises dans le livre précédent.

Le titre 5me traite des servitudes, aussi bien des personnelles que des réelles, donnant la préséance à ces dernières, à cause de leur plus grande importance et de leur plus grande variété; quoique la jurisprudence classique mentionne toujours les premières en tête [44].

Aux servitudes personnelles classiques (usufruit, usage et habitation) j'ai ajouté celle de la rente constituée sur des immeubles, qui en est aussi une; en facilitant, toutefois, leur subrogation au moyen de polices de la dette fédérale, pour éviter qu'ils sortent de la circulation du commerce, où ils sont plus nécessaires que ces titres-là.

65. Le titre 6me traite du crédit réel en général et le 7me, du gage qui, d'après quelques Codes, ne prévaut pas contre les tiers, lorsqu'il est fait sur certaines catégories de biens, avant qu'ils soient inscrits, *ad instar* des droits immobiliers, sur un registre public, distinct du registre immobilier [45].

La création de ce nouveau registre ne me paraissant pas facile, ni nécessaire, j'ai consacré la nécessité de l'inscription seulement par rapport à quelques espèces de gages, qui y sont déjà astreints ou qui peuvent facilement l'être, comme on pourra mieux le voir d'après les dispositions du même titre.

66. Le titre 8me traite de l'hypothèque, l'une des matières qui m'a donné le plus de peine à mettre en articles, et dont les

(43) Art. 952 à 960.
(44) *Frag. 1° Dig. de Servitut.* (8,1).
(45) Voy. Code civ. de Zurich, art. 403 à 411.

articles me plaisent le moins, parce qu'il était presque impossible de supprimer les livres actuels de notre registre immobilier et très difficile d'y greffer les réformes qui me paraissaient indispensables.

Cette difficulté d'adapter les livres anciens aux nouvelles dispositions est si sérieuse, qu'elle a été la cause de ce que le projet de la loi d'introduction du futur Code civil allemand, dans les différents Etats auxquels il est destiné, ne soit pas encore prêt et de ce que ceux-ci n'aient pas encore consacré la nouvelle loi hypothécaire de la Prusse [46], promulguée il y a vingt-et-un ans, loi que, malheureusement, je ne connais pas.

En la comparant avec l'*Act Torrens*, il y a bien des gens qui considèrent ce dernier comme « un écho lointain de l'esprit juridique de la race germaine [47] ».

Il faut, cependant, remarquer que l'*Act Torrens* vient d'être réformé en Australie, dont la récente banqueroute, presque générale, est imputée à l'abus qu'on en a fait.

La nouvelle loi a été promulguée en décembre de l'année dernière, jusqu'où arrivent mes renseignements et d'où l'on peut voir qu'il manquait encore, alors, un règlement pour rendre possible son exécution [48].

67. A ces difficultés venait s'en ajouter une autre, qui m'était toute personnelle, et que j'avoue comme une faute; je connaissais notre registre par les règlements, mais je ne l'avais jamais vu fonctionner et je n'avais pas eu le temps de remarquer comment lui avaient été adaptées les modifications introduites dans le même, après le nouveau régime.

De là, dans la première édition, quelques dispositions hésitantes, que j'ai rectifiées dans la seconde, après avoir vu comment se faisait la tenue de nos livres actuels. A ceux-ci, j'en ai ajouté deux à talons, pour les lettres de crédit et de dette hypothécaire, et un de plus pour les descriptions, qui sont pour ainsi dire la matricule des immeubles de la circonscription respective.

J'ai oublié de supprimer le livre des hypothèques spécialisées, pour les annexer aux hypothèques spéciales, car elles ne sont pas autre chose et, pour le faire, il suffirait tout bonnement d'introduire deux altérations dans les inscriptions imprimées de deux des colonnes du livre respectif.

68. Je me suis inspiré, pour proposer ces réformes, surtout du droit civil du canton de Zurich, dont j'ai examiné minutieusement le registre, simple, facile et expéditif; mais je n'ai pas pu le bien imiter; soit parce que sa base est un cadastre parfait, que nous n'aurons pas de nos jours; soit parce qu'il faudrait supprimer dans les contrats l'intervention des notaires, dont je n'ai pas voulu attaquer les droits traditionnels; soit,

(46) R. de la Grasserie. Introd. au proj. du Code civ. allem., § 1.

(47) Idem ibidem § 12.

(48) Je les ai reçus dans la *Feuille Officielle* elle-même, du 27 du dit mois.

enfin, parce que toutes les écritures ou annotations, relatives aux titres hypothécaires, sont faites ou par l'officier, ou en sa présence.

Mais, pour y arriver dans ce petit canton de 340.000 habitants, on y maintient pas moins de 36 bureaux de cette espèce, dont les chefs sont élus (comme d'ailleurs presque tous les autres fonctionnaires publics) et servent pendant six ans (49).

Cela suffit à expliquer pourquoi je n'ai pas pu rendre plus fidèle mon imitation de ce régime, lequel est en vigueur depuis le commencement de ce siècle, sauf quelques modifications relativement insignifiantes.

J'y ai trouvé, en janvier de cette année, une lettre hypothécaire rachetée le 30 décembre dernier, et émise en octobre 1809 (50).

69. Je m'en suis encore écarté sur un autre point. La propriété immobilière et les droits réels inscrits sur elle, n'y sont pas sujets à la prescription (51), comme le prouve cet exemple-là, tandis que je les ai soumis à celle de 30 ans, en permettant le renouvellement de l'inscription dans la conventionnelle, dès qu'elle complète 28 ans, et rétablissant l'hypothèque légale générale qui devra durer plus longtemps, si la spécialisation n'est pas renouvelée dans le même délai de 30 ans.

70. Le chapitre 4me de ce titre règle l'hypothèque des voies ferrées, sur le modèle de la loi fédérale suisse du 27 juin 1874, qui règle aussi l'exécution de cette espèce d'hypothèque ; mais elle n'a pas pu être imitée sur ce point vu sa nature purement *processuelle*.

Le chapitre 5me et dernier, règle l'antichrèse comme une modalité de l'hypothèque ou du gage, à ce qu'elle a, d'ailleurs, été réduite par le projet, ainsi qu'il a été dit au § 37.

71. Le titre 9me traite du registre immobilier et y comprend la location titrée, parce qu'il la considère droit réel, aux termes du titre 1er et, comme tel, assimilée à la servitude de l'habitation.

72. Le titre 10me et dernier, traite du cadastre en remettant son réglement à une loi spéciale, dont j'ai apporté avec moi les bases et les modèles, établis sur des travaux pratiques récents et officiels du canton de Genève, où ce service est très bien fait et parfaitement organisé.

Pour en donner une idée, il suffira de citer ce fait. Le cadastre de ce canton a commencé au siècle dernier, lors d'une contribution de guerre, et depuis il a été soumis à plusieurs révisions, dont la dernière a eu lieu en 1849 et 1850.

(49) Mais ne peut être candidat que celui qui prouve posséder les connaissances théoriques et pratiques exigées par la loi du 26 juin 1839. La dernière division du canton en *districts « notoriaux »* est du 14 décembre 1873 et on croit déjà nécessaire l'augmentation de leur nombre.

(50) J'ai voulu acheter, à titre de relique du passé, ce titre sans valeur, mais cela ne m'a pas été permis car les lettres recueillies sont inutilisées par un coup de ciseau et gardées pour être incinérées à la fin du trimestre en présence du président du tribunal du canton.

(51) Le projet du Code civil allemand à l'art. 847 en dispose de même.

L'immeuble, qui a eu à cette époque le nº 41, dans la commune de Saconnex, a été depuis morcelé en plusieurs autres, ceux-ci encore en d'autres, et ces derniers, à leur tour, en d'autres encore; de sorte qu'il est représenté, aujourd'hui, par plus de 400, et malgré cela, l'intéressé d'une des fractions quelconque, peut, en un quart d'heure, obtenir dans le bureau les renseignements dont il a besoin.

---

73. LIVRE IIIme. Ce livre s'intitule « *du Droit de la famille* » et, pour ne pas séparer des matières naturellement connexes, il comprend non seulement le Droit de famille *appliqué*, comme le Droit de famille *pur*, qui est plus politique que civil (*Appendice C*).

La famille a pour base le mariage, et le mariage naturel c'est le concubinat monogame, qui a précédé toutes les sociétés civiles, ainsi que toutes les religions positives.

Il n'est pas pourtant, en son essence, ni un simple sacrement, dont l'efficacité puisse disparaître avec les croyances religieuses d'un des contractants [52], ni un contrat civil consensuel, qui puisse être défait par le libre arbitre des deux parties. C'est la loi naturelle de la conservation et du perfectionnement de l'espèce, qui ne peuvent se considérer garanties là où la maternité est considérée comme une maladie, et la paternité un accident malheureux dans la vie de l'homme.

74. Cette loi se manifeste non seulement par l'attraction des sexes, qui existe seulement à partir d'une certaine époque et jusqu'à une autre époque donnée, mais par la communion de sentiments et d'idées, par l'identification de deux âmes sœurs incarnées dans des sexes différents, c'est-à-dire par l'amour; non pas l'amour sensuel qui naît de l'appétit pour mourir de la satiété, mais cette attraction aveugle dans ses motifs et désintéressée dans son but; le seul sentiment qui puisse résister à la difformité postérieure, à la misère qui surviendrait et jusqu'à la dégradation morale de la personne chérie. Et il est non seulement capable de résister à tout cela, mais encore de survivre à l'objet aimé.

75. Un tel sentiment est forcément exclusiviste et n'admet pas de partage avec un tiers; la jalousie n'est pas le privilège d'un sexe quelconque, mais le compagnon inséparable de l'amour des deux. Et cette délicatesse de sentiments, cette constance naturelle dans quelques espèces inférieures ne pouvait manquer d'exister chez l'espèce humaine.

Celui qui affirme le contraire calomnie notre nature. Reconnaissons quand même les aberrations qui malheureusement ne sont pas rares, mais ne nions pas la loi consolatrice qui,

(52) Cette idée est attribuée à St-Paul d'après le v. 15, c. 7 de la 1re Ep. aux Corinthiens.

au milieu des malheurs du temps, si elle ne porte pas un remède à tous les maux présents, permet au moins de ne pas désespérer de l'avenir.

On a l'habitude de dire qu'une femme n'est pas suffisante pour un homme, et qu'un homme est trop pour une femme; mais, ou je me trompe beaucoup, ou l'objection pourrait être mise à l'avantage de la polyandrie, si « *les lions étaient des peintres* ». Ce n'est pas ici le moment cependant et je ne désire pas d'ailleurs creuser cette question qui, en tous cas, serait plutôt de fait que de droit.

76. Ces idées sont les mêmes que j'ai émises il y a bientôt quatre ans, pour la justification de l'index de ce livre, que j'ai offert à la dernière commission, organisée sous l'empire, pour la confection du Code civil dans les termes suivants :

« Dans la justification du plan de la partie du futur Code, qui m'a été distribuée, il ne faut pas insister beaucoup pour faire ressortir son importance.

« La famille est une société volontaire dans sa formation, mais nécessaire en son origine, comme une loi naturelle, celle de la conservation de l'espèce.

« Séminaire des citoyens et cellule de la société civile, c'est aussi dans la famille qu'on forme et qu'on éduque les futurs gouvernants et gouvernés de la société politique.

« Elle se constitue naturellement sous le pouvoir d'un chef dont la suprématie n'est pas contestée, car le seul intéressé à la mettre en doute — la femme — avant d'entrer dans cette société a déjà voué au mari la confiance la plus illimitée, dès qu'elle a résolu de confondre son existence avec la sienne et de lui appartenir corps et âme.

« D'un autre côté, ce pouvoir est naturellement modéré dans son exercice, soit par l'amour des sexes, la plus forte des passions à la période où elles ont coutume d'être les plus violentes ; soit par l'amour paternel, le sentiment le plus tenace et le plus désintéressé du cœur humain, soit enfin par la communion d'intérêts qui s'établit dès lors et qui paraît se perpétuer dès que surviennent les enfants.

« Pierre angulaire de la conservation de l'espèce par la procréation des enfants, et du progrès social par leur éducation, la famille est la matière première de la constitution de la société civile, laquelle ne peut être bonne si la première n'offre pas assez de solidité pour lui servir de fondement.

« Cette solidité ne peut résulter que de l'unité et de la continuité de la direction de la vie collective et commune, et ceci suppose l'autorité et la responsabilité d'un chef.

« Le pouvoir de celui-ci, partant, n'est pas un privilège gracieux, créé par la nature à son avantage exclusif; mais plutôt le moyen qu'elle lui fournit de le préparer à accomplir les plus graves devoirs qui lui incombent, de faire le bonheur de la femme qui a identifié sa destinée avec la sienne pour toute la vie et le bonheur des enfants qui lui prolongeront l'existence au-delà du tombeau, en transmettant de génération en génération le sang, le nom et les traditions reçues de leur père. »

77. L'art 1821 est la synthèse de ces idées réduites à une forme positive dont la conception d'ailleurs n'est pas supérieure à celle du jurisconsulte païen, que Justinien a résumée dans ses Institutions et que le droit canonique a paraphrasé [53].

Le titre premier définit la famille en distinguant la naturelle de la civile, en divisant celle-ci en légitime et illégitime et en se rapportant finalement à ces individus qui ne font partie d'aucune famille (tels que les exposés) et qui sont *familiæ suæ et caput et finis*, ainsi que le disait Ulpianus en se rapportant à la femme qui n'était sujette ni au pouvoir marital ni au paternel [54].

Dans le même titre on distingue la parenté civile et la naturelle; on subdivise celle-ci en légitime ou illégitime et celle-là en adoptive ou d'alliance; on règle le comput des degrés respectifs selon leurs lignes, et l'on indique leurs effets les plus importants.

78. Dans le titre 2me on règle le mariage en garantissant la liberté des contractants jusqu'au dernier moment; en annullant les peines conventionnelles des compromis correspondants; en établissant la manière de liquider sans scandale les indemnités qui pourront avoir lieu à l'occasion de la rupture de l'un d'eux.

Dans ce titre et dans les suivants a été presque littéralement consolidé le décret nº 181 du 24 janvier 1891. Ce décret a été rédigé par moi-même, commissionné par le premier ministre de la Justice du Gouvernement provisoire, M. le sénateur Campos Salles; ce qui ne veut pas dire qu'on ne lui ait point fait quelques altérations importantes, soit dans la forme, soit dans le fond.

79. L'une de celles-ci a été d'accorder à la mère remariée la moitié de l'usufruit des biens de l'enfant, qui sort de sous son pouvoir lors de son second mariage. La privation de tout l'usufruit était certainement un moyen indirect d'éviter de nouvelles noces; mais, si la mère est pauvre et l'enfant riche, il est très possible que la loi, voulant éviter à celui-ci un beau-père, lui occasionne de plus grands désagréments.

80. Je préviens, outre cela, le cas où les deux parents divorcés semblent incapables d'avoir avec eux leurs enfants; et, en l'absence de l'héritier nécessaire à l'un des conjoints, je donne au suivant l'usufruit du tiers ou de la moitié des biens de l'autre, selon qu'il concourt avec des héritiers légitimes compris dans le quatrième degré ou d'un degré plus éloigné.

Cet usufruit cependant cesse par le mariage subséquent de l'usufruitier, parce que, sur cette matière, la loi ne doit faire

(53) *Frag.* 1. *D. de R. N.* (23,2); *Inst.* 1 tit. 9, § 1 et *Déc. de Gregor* 9e, l. 2, tit. 23, chap. 11.
(54) *Frag.* 195, *D. de V. S.* (50,16).

que ce qu'elle peut présumer que le *decujus* aurait fait s'il avait prévu le cas, et il n'est pas normal que le conjoint décédé eût désiré fournir à son successeur au lit conjugal une quote-part de ses revenus, surtout au préjudice de ses héritiers légitimes.

81. Dans cette partie, j'établis aussi les droits et les devoirs réciproques des conjoints, entre eux et par rapport à leurs biens. Je règle la dette alimentaire et je rends obligatoire la dot des filles mineures, qui se marient avec le consentement des parents, et des majeures, quoique se mariant sans ce consentement; résolvant en passant la controverse tirée du droit romain pour le nôtre, si les parents sont aussi obligés de doter la fille riche. En laissant de côté l'importance de la dot sous ce droit-là et ses maximes respectives (55), qui ont exercé une si grande influence sur notre législation, j'ai eu pour prévenir cette question des raisons particulières à notre pays.

L'éducation de la femme parmi nous, lors même qu'elle ne la prédispose aux habitudes de paresse et de luxe, comme cela arrive très souvent, ne la rend point apte à vivre de son travail, voire même à aider efficacement son mari; de sorte qu'elle doit forcément vivre à la charge de quelqu'un. En de telles conditions, au lieu de surcharger le mari, qui la reçoit avec cette éducation, que ce poids retombe sur les parents coupables, qui, trop souvent, au lieu de lui avoir appris ce qu'il faut pour une maîtresse de maison, lui font apprendre des futilités qui, lors même qu'elles ne causeraient pas un grand tort, entraînent la perte irréparable du temps précieux de la jeunesse.

Outre cela, ce que je sais comme avocat, sur la question des tromperies des beaux-pères envers leurs gendres, m'empêche de faire allusion à quelques-unes des formes les plus employées, de crainte que bien des gens s'y croient visés. Ces tromperies retentissent bien souvent tristement au sein des nouveaux ménages, et Dieu sait si beaucoup d'entre eux n'ont pas eu là l'origine de leurs malheurs, que des indemnités postérieures, quoique faites avec largesse, ne peuvent plus réparer; parce que la confiance mutuelle, qui est la base de l'harmonie du foyer, est perdue une fois pour toutes.

82. La gravité et l'importance du mariage m'auraient poussé à augmenter, pour la deuxième fois, l'âge nubile, si, à la première fois, lors de la rédaction de la loi du mariage civil, des personnes d'autant de critérium que d'expérience, ne m'avaient présenté d'importantes observations en sens contraire. Sans cela, j'aurais volontiers défendu, ainsi que le fait le projet de M. Laurent, le mariage à toutes les personnes mineures, car, en vérité, il n'y a pas dans la vie un acte plus important et pour lequel on dût exiger plus rigoureusement la pleine capacité personnelle des contractants.

(55) *Frags.* 1er et 2e *D. de Jur. dol.* (23,3), et 1o *D. de Salut. matr. dos que mad.* (24,3).

Le mariage cependant est, comme je l'ai déjà dit, une loi naturelle, et les lois naturelles, non seulement n'ont pas besoin des sanctions positives pour s'imposer au respect universel, mais encore elles se soucient fort peu des délais fatals des lois humaines, quand arrive le moment opportun pour se manifester.

83. En attendant, je laisse en curatelle les contractants mineurs, comme un moyen indirect d'éviter les mariages prématurés; car je pense avec Montesquieu et Spencer que les mesures directes ne sont pas toujours les plus efficaces pour que le législateur parvienne à son but.

La prohibition absolue irriterait toujours l'instinct et, maintes fois, aussi l'intérêt; tandis que la tolérance, moyennant cette restriction, fera de l'amour de l'indépendance et, parfois aussi, de l'intérêt et de la vanité, autant de modérateurs de la précipitation de l'instinct.

Par le droit en vigueur, les mineurs mariés ou émancipés jouissent de la libre administration et disposition de leurs meubles, mais ne jouissent pas du même droit par rapport aux immeubles.

J'étends cette restriction pour les motifs exposés et d'après l'exemple du Code civil de l'Italie, où, grâce à des dispositions semblables, il est très rare de voir se marier des jeunes gens pendant la minorité [56].

Les mariages prématurés sont presque toujours irréfléchis, et parfois mal assortis, et malheur aux contractants lorsqu'un amour sincère ne vient suppléer les lacunes de la prudence et de la réflexion.

84. Le titre 4me établit quatre régimes pour le mariage, et au titre 2me, il est déjà prévu que l'acte respectif déclare celui des quatre, choisi par les contractants, pour sauvegarder leurs biens. Ces régimes sont: celui de la communauté universelle, celui de la communauté limitée aux biens acquis, le dotal, et celui de la séparation, qui, d'après les modifications du projet, est plutôt une modalité du dotal qu'un régime spécial.

Ce régime est le régime légal obligatoire pour quelques mariages peu convenables sous quelques points de vue et dont la défense pourrait, nonobstant, avoir des conséquences pires que leur tolérance.

Le régime qui me semble le plus conforme avec l'identification morale et perpétuelle qui doit être l'idéal des conjoints est celui de la communauté universelle; mais, parmi nous, les maris en ont tellement abusé que je propose, sauf disposition expresse des contractants, que la simple déclaration du régime de la communauté soit entendue comme limitant celle-ci aux biens acquis (art. 1981).

Dans le même titre, je règle la constitution du foyer de la famille (une espèce de *Homestead*, très amplifié), pour les conjoints non mariés sous le régime dotal et, comme le princi-

(56) Code civ. ital., art. 340 et 322.

pal motif de cette restriction, a été de ne pas augmenter la masse des biens inaliénables, je leur permets de le constituer, après le mariage, lorsque, pour une raison extraordinaire quelconque, ils viendraient à perdre la dot (art. 2090).

85. Le titre 5me règle le divorce et ne lui donne pas l'effet de rompre le lien conjugal, comme le prétendent d'ailleurs ceux qui considèrent le mariage un pur contrat consensuel, et, partant, susceptible de se rompre comme il se forme, par le libre arbitre des parties. Il est inutile de répéter que mon point de vue a été tout autre.

Les objets des contrats civils sont les biens *choses* ou *services ;* dans les mariages, ce sont les personnes même des contractants, qui se donnent mutuellement l'une à l'autre, en corps et âme et pour toujours. Et de tout autre façon, l'espèce ne serait pas garantie dans sa conservation et dans son perfectionnement, au moyen de la famille.

Les enfants sont le premier bien et l'objectif des principaux devoirs du couple ; pour eux, la suite de celui-ci, uni et constant, est presque une question de vie et de mort, surtout pendant la minorité ; et quand ils arrivent à être majeurs, les parents n'ont plus besoin de se remarier.

86. J'ai eu, toutefois, l'idée d'autoriser la dissolution du lien, lors de l'adultère, et je l'ai même soutenue devant la Commission de 1889, comme on le verra mieux à l'*Appendice B* ; mais, j'ai reculé devant les progrès que le divorce a fait en France et même à Genève, où la loi *Naquet* a été transportée (57) et où l'on m'a informé, la dernière fois que j'y suis allé, qu'il y avait une femme de 25 ans mariée ou même déjà divorcée pour la troisième fois !

Dans la perspective d'un tel *progrès*, le mieux est de ne pas laisser, dans nos codes, la porte ouverte à l'amour libertin.

Celui qui le voudra, ou ne pourra pas s'en passer, qu'il le fasse à ses risques et périls, sans compter avec la complicité du législateur civil, qui ne doit pas lui fournir des moyens pour un tel but, et sans oublier les dispositions du législateur criminel, qui ne peut tolérer les excès de cette liberté, pas plus que ceux des autres, peut-être moins nuisibles.

87. Ensuite, l'adultère de l'homme, quoique ayant des conséquences moins graves pour la femme que celui de celle-ci pour l'homme, n'en est pas moins pour cela, le même crime au point de vue de la fidélité conjugale, due mutuellement. Pour autoriser, partant, la dissolution du lien, à cause de l'adultère de la première, il faudra aussi l'admettre pour le second, et, à moins que je me trompe beaucoup, le jour où cette loi serait applicable, quatre-vingt-dix pour cent, au moins, des dames mariées de notre société, pourraient proposer la dissolution de leur mariage ; ce qui équivaudrait à la dissolution de la société elle-même.

(57) C'est-à-dire la loi française sur le divorce du 27 juillet 1884.

Le divorce est beaucoup plus pénible aux femmes qu'aux hommes (et de là la foule de ses défenseurs); mais la statistique montre que la plupart des auteurs, dans cette espèce de demande, appartiennent aux premières ; ce qui suffit à prouver que le plus grand nombre des conjoints trahis, n'appartient pas au sexe masculin.

88. Devant cette perspective j'ai reculé, je le répète, et n'osant pas assumer la responsabilité d'ouvrir la porte à de si grands maux, je la laisse tout entière à celui qui voudra et pourra affronter le nouveau principe et ses conséquences, et je sais, malheureusement, qu'il ne manquera des gens qui le voudront.

Déjà, lors du projet de la loi du mariage civil, l'un des points les plus attaqués a été la disposition où je consacrai l'indissolubilité du lien conjugal, et je suis convaincu que, sans le concours officieux, mais efficace, d'une poignée de positivistes convaincus, le *naquetisme* aurait prévalu contre tous mes efforts. Je puis le dire sans être soupçonné de partialité; car le positivisme religieux ne m'est guère sympathique. Bien au contraire, quoique n'étant pas un bon catholique dans le sens ultramontain, je n'ai pas encore pu lui pardonner l'affront qu'il a fait à la religion de la presque unanimité des Brésiliens, en abolissant le culte officiel et remplaçant au lemme romain — *in hoc signo vinces* — sa caractéristique — *ordre et progrès*, et en l'inscrivant jusque sur le drapeau national qui a, dès lors, montré au monde entier la prédominance du *comtisme* sur les débris de la religion chrétienne, dans l'ancien empire de la Sainte-Croix.

89. Le titre 6me prend des dispositions sur la paternité et la filiation, en réglant les preuves de celle-ci, et la reconnaissance ; ainsi que la légitimation, soit par sentence, soit par le mariage ultérieur des parents.

Je permets, en règle, la recherche de la maternité, parce qu'il n'y a pas de bâtard de par la mère[58] ; et je ne permets celle de la paternité, que dans les cas de concubinat notoire, de viol ou de rapt, lorsque l'un de ces faits coïncide avec l'époque légale de la conception de la mère.

Dans les autres cas je la défends ; non pas que je pense, comme Bonaparte, que l'existence des bâtards n'intéresse pas la société (celle des enfants sans père ou exposés l'intéresse encore moins) ou que je pense que l'on puisse diminuer la concupiscence des parents, en les dispensant des devoirs de la paternité envers les enfants innocents ; mais parce que la preuve en est très difficile, parfois même impossible, et en droit, ce qu'on ne peut prouver, c'est comme si cela n'existait pas : *non esse et non apparere in jure idem est.*

90. Le titre 7me règle l'adoption, en lui donnant la forme judiciaire, ainsi que le voulait notre loi du 22 septembre 1828 ;

(58) D'après M. Laurent, c'était même une des maximes du droit coutumier flamand. « *Il n'y a pas de bâtard de par sa mère.* »

et le 8me traite du pouvoir paternel, où l'on admet l'intervention de la mère dans l'exercice de ses fonctions les plus graves, ou, si la mère est morte, des parents les plus proches de l'enfant.

91. Le titre 9me traite de la minorité, de la tutelle et de l'émancipation, en instituant le conseil de famille et, si celui-ci ne peut être formé, celui de tutelle, comme un moyen approprié de diminuer l'influence et l'intervention officielle dans les affaires domestiques.

L'idée de ce conseil est venue du droit romain [59] et doit avoir une grande force pour pouvoir s'acclimater, comme elle l'a fait, dans un si grand nombre de pays de la race latine et même chez quelques-uns de la race teutonne.

92. Le titre 10 traite de la tutelle des incapables et de la curatelle des interdits. J'ai eu l'idée de réserver la dénomination de tuteurs, pour les représentants légaux des mineurs orphelins ; et pour ceux de tous les autres incapables ou interdits, le nom de curateurs ; mais je l'ai abandonnée, après m'être convaincu que la base de la distinction la plus rationnelle, ne devait pas être la qualité des représentés, mais bien l'étendue des pouvoirs du représentant, pouvoirs, sans doute, bien plus étendus, quand il s'agit des incapables en général, plutôt que des mineurs émancipés ou des majeurs simplement interdits.

93. Le titre 11 se borne à établir le registre des tutelles et des curatelles ; et le titre 12me règle un peu minutieusement l'absence judiciairement déclarée et ses effets ; soit par rapport aux biens, soit par rapport aux droits de famille de l'absent.

94. Le titre 13 traite du service domestique, que j'ai compris dans le droit de la famille, pour les raisons exposées à l'*Appendice B*, idée, d'ailleurs, ancienne et soutenue par des autorités des plus compétentes [60]. Cette classification ou plutôt *déclassification* a aussi eu pour but d'établir quelques avantages en faveur des domestiques ; avantages qui ne me semblaient pas mérités, du moins au même degré, par les autres loueurs de services.

95. Le titre 14 et dernier, s'intitule *De la juridiction spéciale du droit de la famille*. Si je considérais purement civile cette espèce de rapports, je n'aurais, certainement, pas mis là ce titre ; mais dans les précédents on avait déjà disposé, pour éviter des scandales en affaires de nature domestique, que certaines décisions judiciaires restassent secrètes et, étant donné la diversité des différentes organisations judiciaires, il m'a paru prudent, sinon nécessaire, de prévenir le cas.

La matière n'est donc pas étrangère ; ce qu'elle peut paraître c'est déplacée, et, dans cette hypothèse, rien de plus facile que de la détacher pour former un projet distinct, ou de

(59) *Inst.* 1, tit. 26, § 4.

(60) Savigny, *Traité Général*, tom. 1er, § 55 *in-fine*.

l'ajouter à celui du Code civil, sous la forme de dispositions additionnelles permanentes.

---

96. Livre IVme. Ce livre contient à peine 4 titres : le 1er sur les diverses espèces de succession, en général, le 2me sur la succession légale, le 3me sur la succession testamentaire et le 4me sur les dispositions communes aux deux.

Par ces épigraphes, on voit qu'on consacre dans ce livre deux espèces de succession : la succession légale, en faveur des héritiers légitimes ou, en leur absence, en faveur de la municipalité du *decujus*, et la succession testamentaire.

On y nie (titre 1er, chap. 2me) la capacité de succéder, entre autres, aux célibataires par un vote solennel de chasteté ; parce que l'hérédité doit être la continuité de la famille dans la propriété à travers les temps.

Cette disposition n'a pas été suggérée par la haine pour les célibataires, mais bien au célibat, lui-même, obligatoire et irrémissible.

Personne plus que moi n'admire les eunuques de l'Evangile, et ceux-là, j'en suis sûr, ne viendront pas disputer, pour eux, l'or et l'argent de leurs parents décédés ; mais cela me révolte de voir repoussé un conseil, que le Christ, lui-même, a déclaré destiné à peine à ceux *quibus datum est* (61), en un précepte garanti par la sanction la plus cruelle, dont dispose le pouvoir moral de l'église.

97. J'ai même eu l'idée d'étendre cette incapacité aux célibataires sans vœu, après un certain âge (40 ans, par exemple), mais, ou je devais me rendre odieux à mon propre sexe, ou commettre une criante injustice envers l'autre qui, en règle, souffre à contre-cœur cet état que les hommes, en général, maintiennent par amour de la vérité, jusqu'à ce qu'il leur passe par la tête d'offrir à l'Hyménée les restes de Cupidon, voire même, parfois, les débris de Vénus et, ce qui est encore pire, les habitudes de son culte invétéré.

De là ces mariages malheureux par la disproportion des âges et par la progéniture maladive et incapable de résister au milieu.

Il est vrai que l'égalité du droit consiste à traiter inégalement les êtres inégaux ; et que l'on pouvait très bien réprimer le mal dans le sexe coupable, tout en épargnant l'innocent (62) ; mais le projet a déjà trop de matières pour déplaire à bien du monde et ni les femmes n'y auront voix, ni moi je ne leur ferais ce *cadeau de Grec* ; car il me semble qu'elles perdent en poésie et en grâce, en considération et en respect, tout ce qu'elles gagnent en publicité, à mesure qu'elles s'immiscent dans les choses propres à l'autre sexe.

(61) S. Math. c. 19, v. 11, St-Paul, loc. cit. versets 7 à 9.

(62) Cela ne veut pas dire que toutes les femmes soient indemnes.

Ensuite, quoique rares, il y a aussi des séculiers, célibataires pour des motifs non seulement justifiés, mais, parfois même, héroïques, et, dès que ceux-ci ne pouvaient pas être distingués *à priori*, ils devaient paraître suffisants pour sauver la grande masse des promoteurs de l'incontinence publique ou pertubateurs du foyer domestique.

98. L'héridité légitime se défère suivant les lignes et les degrés; la ligne droite exclue la ligne collatérale; dans la même ligne, les descendants excluent les ascendants, et dans les deux, le degré plus proche exclue les degrés plus éloignés, sauf le droit de représentation. Ce droit a lieu dans la ligne droite, *in infinitum*, en faveur des descendants qui concourent avec d'autres, d'un degré plus proche, à la succession d'un ascendant commun, et dans la collatérale en faveur des neveux qui concourent avec leurs oncles à la succession d'un autre, décédé sans descendants, ou qui en excluent les oncles du décédé.

Quand il y a seulement des petits-fils, ou seulement des neveux, la succession se divise *in capita* [63].

Le frère unilatéral concourt avec le germain à la succession du frère commun; mais la part du second est double de celle du premier.

Les enfants reconnus et les enfants légitimés sont égalés aux enfants légitimes, pour la succession paternelle, et par rapport à la succession maternelle tous les enfants sont égaux.

99. Seuls, les héritiers en ligne droite ont droit à la légitime, et cette dette familiale, profondément altérée, a été dans pulsieurs cas remise.

Elle est réduite à la moitié des biens du *decujus*, et peut être retirée par l'exhérédation expresse, indépendante de la déclaration du motif, aux héritiers majeurs. Il n'est, cependant, pas permis de déshériter tous les enfants, à celui qui en aura plus d'un, ni même de déshériter conjointement un fils et les petit-fils, fils de ce fils. Outre cela, l'exhérédation, ainsi que l'indignité du fils, ne nuit pas aux petits-fils.

Le descendant ne peut pas déshériter l'ascendant, des biens qu'il aura reçus d'un autre ascendant, à titre de légitimité, et l'ascendant, dont l'héritage se composera en la plus grande partie des biens reçus par héritage ou en dot, peut à peine réduire à l'usufruit le droit du descendant, qu'il voudra déshériter de sa portion respective.

Les descendants mineurs sont, ainsi que les majeurs, exclus en certains cas de la succession de l'ascendant, comme indignes; mais celui-ci peut leur pardonner l'indignité au moyen d'une disposition testamentaire ou contenue dans un autre acte authentique.

Le père ou la mère, remariés, ne peuvent pas déshériter les enfants d'un lit en faveur de ceux d'un autre, ni donner au

(63) Cette solution est interprétative du droit en vigueur *Vid. Mello Freire*. Inst. liv. 3, tit. 8, § 5 note.

conjoint respectif plus que la portion du moins favorisé de ses enfants, issus d'un autre lit.

100. Les testaments ordinaires sont olographes, fermés ou publics, et ceux des deux premières catégories doivent être déposés entre les mains de l'officier, qui les authentiquera, ce qui n'empêche pas qu'ils soient faits en *duplicata* pour que le testateur garde avec lui un exemplaire.

Les testaments spéciaux varient selon les temps et les circonstances où ils sont faits.

Le testament nuncupatif est aboli ; mais on permet de révoquer nuncupativement le testament qui ne pourrait être révoqué de toute autre façon.

Les substitutions ne sont permises que dans le 1er degré, et en faveur des héritiers légitimes du testateur. On y consacre la faculté du testateur de nommer exécuteur de ses volontés un ou plusieurs de ses testamentaires, et on y règle les attributions des dits.

101. Le titre 4me et dernier, règle l'acceptation et ses effets, aussi bien que ceux de la répudiation de l'héritage, le bénéfice d'inventaire et sa procédure, en traitant aussi des biens recélés, à titre d'incident.

Ensuite, on règle le partage, les collations, dans les cas où elles ont lieu, le payement des dettes et les effets du partage fait de commun accord, entre les héritiers, soit judiciairement, soit par l'ascendant, entre ses descendants.

CONCLUSION

Tel est le contenu de mon projet, dont j'ai fait part de l'achèvement au chef du Gouvernement, le 16 janvier, et dont le manuscrit a été mis à la disposition du ministère de la Justice, dès le 23 février. Cependant, c'est seulement le 10 avril qu'il en a accusé réception, et en terminant son rapport annuel, le 15 de ce même mois, il n'a pas même mentionné le fait.

D'un autre côté, le message avec lequel le président de la République a ouvert le Congrès, le 3 mai, lui a rappelé l'urgence d'un Code militaire ; mais il n'a pas dit un mot du Code civil.

Outre cela, le même ministre a mis, du 23 février au 25 mai, à composer la Commission de révision qui devait émettre son avis dans l'espace de 3 mois, à partir de la présentation du projet, et à la composer de façon à ce que, au lieu d'un jugement, je ne puisse attendre qu'un libelle.

Cette considération et la survenance de devoirs d'un tout autre ordre m'ont engagé à ne pas suivre ses travaux ; mais cette exposition même prouve que je ne suis pas resté inactif.

Je ne me fais pas d'illusions sur le rapport ; comme, cependant, le Gouvernement ne pourra pas le prendre en considération avant de m'avoir entendu, j'attends tranquillement qu'il me soit remis [64], pour le réfuter ou l'accepter.

Le résultat final ne m'est pas indifférent; mais le principal je l'ai déjà obtenu, pouvant dire que dans ce pays, et sur ce sujet, il n'y a encore eu personne qui en ait fait autant, et en si peu de temps.

Faciant meliora potentes !

Petropolis, le 21 juillet 1893.

A. Coelho Rodrigues.

(64) Cela devait être ainsi, mais il n'en a rien été. Le jour de l'anniversaire de la loi Naquet, le 27 juillet, le gouvernement décida de ne pas accepter le travail, invoquant à son appui l'avis de la Commission, lequel n'existait pas encore et je n'ai pu le voir que sur le *Diario Official* du 2 août. (*Note ajoutée à la date de la publication.*)

RAPPORT

SUR LE

PROJET DE CODE CIVIL BRÉSILIEN

La Commission chargée d'examiner et d'émettre son avis sur le projet de Code civil Brésilien, présenté au Gouvernement par le Dr Antonio Coêlho Rodrigues, vient rendre compte de la mission dont elle a été chargée.

I

Par contrat du 12 juillet 1890, passé avec le Gouvernement, le Dr Antonio Coêlho Rodrigues s'est engagé à rédiger et à remettre, dans l'espace de trois années, un projet de Code civil avec une partie générale et une autre spéciale.

La partie générale sera subdivisée, dit le contrat, en trois livres :

1o des personnes ;
2o des biens ;
3o des actes et des faits juridiques.

La partie spéciale sera aussi subdivisée, ajoute le contrat, en quatre livres :

1o des droits de la famille ;
2o des droits réels ;
3o des droits personnels ;
4o du concours des droits.

Ce dernier livre comprendra cinq sections :

1o des successions testamentaire et légitime ;
2o des institutions de crédit réel et d'assurance ;
3o du concours des créanciers et de la préférence des crédits ;
4o des prescriptions ;

5° de la restitution *in integrum*, si, toutefois, il ne semble pas préférable de remplacer ce remède extraordinaire par un autre ordinaire ou, alors, de le supprimer tout à fait.

Dans l'élaboration du projet, il s'est engagé à consolider *le plus possible* [65] le droit en vigueur, réformant ce qu'il serait convenable de modifier, de remplacer ou de supprimer, en ajoutant ce qui manquerait à la législation actuelle, d'accord en cela avec l'expérience des nations civilisées et avec les besoins de la situation du Brésil.

Le projet présenté et soumis à l'examen de la Commission, outre un projet de loi préliminaire du Code civil, contient les deux parties déterminées dans le contrat: la partie générale et la partie spéciale.

La partie générale est divisée en trois livres :

1° des personnes ;
2° des biens ;
3° des faits et actes juridiques.

La partie spéciale est divisée en quatre livres :

1° des obligations ;
2° de la possession de la propriété et des autres droits réels ;
3° du droit de la famille ;
4° du droit des successions.

Dans des *dispositions additionnelles transitoires*, l'auteur propose l'acceptation et la publication du projet comme Code civil de la République, pour que l'on recueille sur lui des informations officielles et particulières, d'après lesquelles et vu les progrès réalisés dans d'autres pays et utilisables au Brésil, ainsi que d'après la jurisprudence des tribunaux de l'Union et des Etats, une Commission de codification générale, nommée dores et déjà, formulera sa proposition de révision du nouveau Code.

II

La distribution des matières du droit civil n'est pas arbitraire et, sur ce point, la Commission est d'avis qu'on doit adopter la classification que Heise et Thibaut ont les premiers introduite en Allemagne et connue parmi les juristes sous le nom de classification allemande.

Le droit est divisé en deux parties, l'une générale et l'autre spéciale.

La partie générale comprend les subdivisions suivantes :

1° des personnes ;
2° des choses ;
3° des actes juridiques.

(65) Ceci n'est pas exact. L'art. 2me du contrat disait : *autant qu'il faudra*.

La partie spéciale comprend les suivantes :
1° droit des choses;
2° droit des obligations;
3° droit de la famille;
4° droit des successions.
Cette classification n'est pas parfaite : elle a, du moins, été consacrée par des personnes compétentes et la Commission de jurisconsultes qui, en 1881, a donné son avis sur les *Apontamentos para o projecta do Codigo civil* (notes pour le projet de Code civil), présenté par le Dr Joaquim Felicio dos Santos, de laquelle faisait aussi partie l'auteur du projet actuel, l'a acceptée et proposée pour être suivie.

III

Classer les matières ou tracer le plan général à suivre est encore bien peu de chose quand il s'agit d'élaborer un Code civil ; la question de méthode, dans l'exécution entière du plan, est d'un intérêt capital dans un travail de cet ordre, soit que l'on considère la manière dont doivent être traitées les parties du plan général, soit la manière de présenter et de développer les diverses institutions du droit.

Le droit est une nécessité réelle de la vie ; par sa nature il doit être et il est en effet réalisé.

Différentes choses peuvent entraver la réalisation en troublant le développement tranquille et intégral de la vie ; par cela même qu'il a, en sa nature, le besoin d'être réalisé ; il triomphe à la fin de toutes les entraves et remplit la fonction à laquelle il est destiné.

La réalisation plus ou moins rapide du droit importe autant que la satisfaction plus ou moins prompte d'un besoin de la vie.

Le Code qui est le droit, et est aussi la forme du droit, doit réunir en lui les conditions qui en dépendent, tendant à garantir, et d'une façon rapide, facile et sûre, cette réalisation.

Parmi les conditions qui rendent le droit réalisable, il y en a deux spécialement confiées aux soins du législateur : l'une relative au droit lui-même — l'opportunité ; l'autre relative à la forme — la perfection technique.

Le droit constitué doit être opportun : cela veut dire que le droit doit être en rapport direct avec l'état social auquel il doit être appliqué. S'il n'est pas conforme avec lui, s'il blesse les traditions populaires, s'il choque le sentiment juridique national, il trouvera certainement, dans la réalisation, les plus grands embarras : c'est l'individu qui se révolte contre lui, c'est le juge qui cherche à éviter son exécution, c'est surtout les forces historiques productrices du droit qui lui feront une résistance des plus tenaces.

L'opportunité, cependant, à elle seule, ne rend pas réalisable le droit; il ne pourra pas être exécuté s'il n'est pas connu et il ne sera pas connu s'il n'est pas perceptible.

La perceptibilité du droit dépend essentiellement de la forme qu'on lui donnera; la forme imparfaite est une ombre qui cache le droit; la forme parfaite est une révélation qu'il impose.

Si la forme est imparfaite, le droit est obscur, douteux, incertain, il aura une lente réalisation.

Si la forme est parfaite, le droit se présente à nous d'une façon visible, l'esprit le contemple et le touche presque; il le comprend en son existence unique, dans l'existence de chacun des corps qui le composent; il aperçoit le rapport que ces corps maintiennent entre eux et avec le tout; il le domine en somme et par la réalisation il lui complète sa nature.

Comment donner au droit cette perfection technique, comment le constituer ou l'organiser, comment exécuter le plan général adopté, tels sont les problèmes à résoudre pour des travaux de cette nature.

Le législateur a devant lui toutes les règles qui président ou doivent présider aux rapports multiples de la vie civile, et c'est avec ce matériel que le plan adopté doit être exécuté, soit dans la partie générale, soit dans la partie spéciale.

Celui qui formulera et présentera toutes ces règles, quoique les distribuant avec une certaine méthode dans les diverses institutions de droit, ne remplira pas la mission législative; pas plus que n'organisera le droit, celui qui lui donnera une forme grotesque et peu élégante, où les règles seront nombreuses et les répétitions trop abondantes.

Les rapports qui réunissent les diverses institutions où fonctionne le droit sont si étroits et telle est la nature ou la composition intime du droit subjectivement considéré dans toutes les manifestations, dans le temps et dans l'espace, toujours le même dans ses éléments fondamentaux, que la contemplation des règles, dans lesquelles se dédoublent ces institutions, produit la connaissance de l'existence, à côté d'éléments spéciaux, d'éléments généraux toujours les mêmes dans quelques-unes, dans un groupe ou même dans toutes.

L'analyse se charge de faire la séparation de ces éléments généraux; et leur valeur et l'influence qu'ils exercent dans la formation ainsi que dans la connaissance des règles spéciales relatives à chacune des institutions juridiques, se chargent de leur destiner, sans contestation, la partie générale du plan où le droit doit être accommodé.

La partie générale restera ainsi composée de véritables éléments logiques du droit, capables, sinon d'ouvrir, du moins de faciliter, à l'esprit, la connaissance de la partie spéciale, où doivent être les règles particulières aux diverses institutions, au moyen desquelles le droit exerce la fonction qui lui incombe.

Ceci n'est pas une nouveauté dans la technique du droit.

La Commission, ci-dessus nommée, qui a donné son avis sur les *Apontamentos* du Dr Joaquim Felicio dos Santos, en critiquant la partie générale des susdits *Apontamentos*, a écrit: « Il serait peut-être convenable de supprimer le titre préliminaire et de limiter la partie générale, tout au plus, aux maximes consacrées par les nations civilisées, aux principes d'une véritable doctrine scientifique, quoique non généralement pratiqués, en observant, avec les restrictions respectives, l'éventuelle collision du droit privé interne et externe. Il sera convenable surtout de consigner les règles concernant la condition et la capacité juridique des personnes ».

La partie spéciale se rapporte surtout à la construction du droit civil.

La Commission distingue la construction scientifique de la construction législative : la première appartient au théoricien, à la jurisprudence scientifique; la seconde, seule, revient au législateur ou à l'élaborateur du Code civil.

La compétence législative est limitée, comme on l'a vu, par l'équation nécessaire entre la disposition du droit et l'état social du peuple; l'élaborateur du Code a devant lui, déjà préparé, tout le matériel sur lequel il doit opérer, fourni en partie par le sentiment juridique national consacré ou non dans des textes positifs, en partie par la jurisprudence scientifique, qui n'est pas seulement nationale, mais bien, comme la science universelle, chargée naturellement de la construction théorique du droit.

Là encore, le législateur doit examiner la matière avec soin, pour n'accepter que les conquêtes réelles de la jurisprudence scientifique, en distinguant, séparant et refusant les conceptions théoriques de juristes isolés, lors même qu'ils aient reçu la sanction d'une autorité quelconque législative.

Quoique la matière, sur laquelle le législateur doit opérer, soit ainsi limitée, la tâche législative n'est pas facile et plutôt hérissée de difficultés sérieuses, principalement lorsqu'elle doit être exercée sur tout le corps du droit civil.

Distinguer les institutions, grouper autour de chacune d'elles les règles qui s'y rapportent, réduire la quantité de ces règles et les rendre meilleures, leur donner une forme adaptée, les distribuer méthodiquement et, finalement, distribuer les institutions juridiques ainsi composées selon les systèmes adoptés, telles sont les opérations d'où dépendra toujours le succès de l'élaboration d'un Code civil.

Dans la distinction se trouve la reconnaissance des institutions : celles-ci, véritables corps juridiques, selon l'heureuse expression de Ihering, ont leurs conditions d'existence indépendante et ces conditions doivent être bien vérifiées, afin que cette qualité ne puisse être usurpée, le cadre des institutions étant ainsi indûment augmenté et pourtant l'œuvre législative étant faussée et troublée.

Les institutions reconnues doivent être mûrement considérées, quant à leur principe et à leur but, à leur nature ou éléments fondamentaux, chacune par elle-même isolément, toutes dans les rapports qu'elles ont ou pourront avoir les unes avec les autres.

De cet examen seul, peut venir la connaissance exacte, la distinction parfaite, comme il le faut, pour une tâche aussi scabreuse.

Sans lui, le cadre des institutions ne pourra pas être purgé des créations étrangères ou qui ne réunissent pas en elles les conditions d'une existence indépendante.

Sans lui, les institutions n'auront pas la distribution que la nature leur assigne et quelques-unes, de ce qu'elles ont de commun, certains caractères, seront confondues, nonobstant la spécialité qui les distinguera, en leur difficultant ainsi la compréhension ou la connaissance ; en ouvrant la porte à des erreurs d'application, en brisant l'économie du droit, en inutilisant la fondation de l'unité systématique, qui est une question essentielle à tout droit bien constitué.

Après les institutions, vient la considération des règles, la chair et le sang du droit, au dire de la jurisprudence allemande.

Puisque le droit est une des faces de la vie, les règles sont aussi nombreuses que les rapports que la vie a créés parmi les hommes.

On comprend que pour chaque rapport on ne puisse conserver une règle spéciale, pour chaque cas une disposition et la partie générale, même comme elle a été comprise, a déjà obtenu par la généralisation l'élimination de beaucoup d'entre elles.

Il y a encore, cependant, par rapport aux règles ou aux dispositions de la partie spéciale, quelque chose de confié à la tâche législative. Les unes existent réellement dans le corps de la loi, les autres ont leur existence latente, basée sur le sentiment juridique national ; d'autres sont à peine préconisées par l'expérience des peuples policés ; toutes doivent être soigneusement examinées, confrontées et comprises dans leur rapport, fondues, si possible, en leur donnant une forme générale, moyennant une expression plus intense, modifiées, altérées ou substituées selon l'expérience des peuples civilisés.

Améliorées dans la qualité et réduites dans la quantité, on doit leur donner une forme claire, précise, rigoureuse, technique, où l'on ne voit que les vocables consacrés et rien qu'eux, et toujours eux, lorsqu'on voudra désigner la même chose et la même idée.

Il n'est donné à personne de douter de la valeur du langage pour l'expression de la pensée; ce qui, dans la pratique générale de la vie, est une vérité commune, en matière scientifique ou de législation prend les proportions d'une vérité nécessaire sans laquelle, ni la science, ni la législation ne peuvent vivre.

IV

Considérons maintenant le projet sous le point de vue des principes établis ci-dessus. La Commission fait d'abord remarquer que dans le dédoublement de la partie spéciale, il abandonne complètement le plan et la terminologie du contrat.

Il a commencé par le *droit des obligations* qui, d'aprés le contrat, avec la dénomination de *droits personnels* devait venir en troisième lieu ; il a altéré la dénomination du deuxième livre qui est devenu *de la possession, de la propriété et des autres droits réels*; il a passé au troisième livre le *droit de la famille* qui, d'aprés le contrat, devait se trouver en premier lieu ; enfin, il a modifié complètement le quatrième livre, quant au fond et à la forme, car la restitution *in integrum*, ayant été supprimée, et les autres matières indiquées au contrat, ayant été distribuées dans tous les autres livres, il ne s'est pas occupé du *concours de droits*, mais s'est exclusivement adonné au *droit des successions*.

A ce propos, la Commission croit de son devoir de reconnaître que, sauf l'intrusion de la prescription dans la partie générale, considérée comme un fait juridique éventuel, le plan du projet est sans doute supérieur à celui du contrat, car il est le même que celui de la classification allemande, auquel la Commission s'est déjà reportée, à peine modifiée par l'anti-position du droit des obligations au droit des choses.

Quoique s'étant de la sorte écarté du contrat et ayant interverti les deux premiers termes de la classification allemande; l'auteur du projet ne s'est pas cru forcé de présenter l'exposition écrite où il indiquerait les motifs de sa conduite; et, dans l'unique conférence qu'il a eue avec la Commission, il n'a émis aucune raison scientifique en défense de l'inversion dans la classification de Thibaut.

Il est vrai que le projet de Code civil allemand, présenté au Chancelier de l'Empire en 1877 et soumis jusqu'à ce jour à l'étude de la Commission nommée par le Gouvernement, a pris l'initiative, dans la classification, de l'anti-position du droit des obligations au droit des choses; mais la Commission croit que cette anti-position a été surtout déterminée par une raison tout à fait particulière à ce pays-là.

Tout le monde sait que l'unification de la législation civile, décrétée en Allemagne par une modification constitutionnelle de 1873, n'a pas encore pu, jusqu'à ce jour, être mise en exécution à cause de l'opposition que lui font les divers Etats allemands. Il est certain que depuis 1871 ces Etats ont accepté le droit des obligations à titre de matière fédérale, commune à eux tous: dans une législation ou dans un Code qui veut être le même pour tous les Etats fédérés, rien de plus logique que de donner la première place au droit des obligations, qui est déjà commun à tous et qui, pour cette raison même, sert à lui démontrer la possibilité et la nécessité de l'unification.

La partie générale du plan a été exécutée d'une façon toute différente de celle qu'entend la Commission. Ce ne sont pas seulement les éléments généraux du droit épurés par le procédé analytique ci-dessus mentionné qui ont eu place: mêlés à eux, le projet contient des matières tout à fait étrangères à la compétence d'un Code civil et des matières appartenant à la partie spéciale.

Le titre 3 du livre I intitulé « *Des Brésiliens et des Étrangers* » occupe non seulement une place indue, mais il usurpe encore une place du cadre du droit politique.

La détermination de la nationalité est un sujet qui n'appartient qu'au droit politique ou au droit constitutionnel: c'est ainsi que l'a déjà compris la Constitution de l'empire en 1824, et ainsi que l'a entendu encore la Constitution de la république du 24 février 1891.

Au droit civil incombe de déterminer la personnalité, soit physique, soit juridique, car c'est elle la qualité sur laquelle il se base, comme c'est aussi la nationalité sur laquelle se base le droit politique; celui-ci n'appartient qu'au national de même que celui-là n'incombe qu'à la personne, quelle que soit la nationalité.

Voilà la conception scientifique des temps modernes déjà consacrée actuellement par la législature des peuples civilisés: pour n'en citer qu'un, le Code chilien, au lieu des si nombreuses dispositions dont se compose ce titre de la partie générale du projet, avec une simplicité et une élégance admirables dit à peine ce qui suit à l'art. 57. « *La loi ne reconnaît pas de différence entre le Chilien et l'Étranger quant à l'acquisition et à la jouissance des droits civils que règle ce Code.* »

Le chap. 5, du titre 3, du livre 2, traitant des biens par rapport à leurs propriétaires, contient des dispositions minutieuses par rapport au bornage, à la division, à la distribution et à l'emphythéose des terrains appartenant à l'Union dans la zone de la future capitale fédérale, aux Etats et aux municipalités, allant jusqu'à traiter des dimensions des lots, et des édifications dans ceux qui auront été aliénés (art. 135 et 136). Un Code ne doit pas s'occuper d'un semblable sujet, pas plus que le nôtre ne peut, étant données les dispositions constitutionnelles actuelles, disposer des biens appartenant aux Etats et aux municipalités. Les registres de naissances, décès et naturalisations occupent aussi une grande place de la partie générale, car on leur a destiné les chapitres 2, 3, 4 et 5 du titre 1er du livre 3.

La Commission est d'avis que le projet ne devait pas avoir dépassé les dispositions premières sur ce sujet; une loi spéciale pouvait le traiter avec un plus grand développement et finalement les règlements auraient complété l'ouvrage de la loi avec les munities des dispositions relatives. Cela n'étant pas ainsi on aura l'anomalie d'avoir le Code civil disposant sur les solennités, les formes et les dimensions des livres de registre, sur la manière de les tenir, voire même les heures de service.

La prescription aussi, d'après la Commission, n'est pas une matière qui doive et puisse être considérée dans la partie générale où le projet l'a mise (art. 214 et suivants) en la traitant soit dans la face acquisitive, comme moyen d'acquérir la propriété, soit dans la face extinctive comme moyen d'extinction des droits personnels.

Elle ne le doit et ne le peut pas, parce que comme institution toute spéciale, elle est subordonnée à des dispositions particulières du droit, qui lui déterminent l'existence, qui lui indiquent les conditions de vie, qui lui définissent les espèces, distinguant dans chacune les conditions à remplir, et finalement en déclarant les effets.

Il est facile de voir que de telles dispositions, relatives à une création spéciale, ne peuvent être placées à côté de celles qui présentent seulement les éléments qui, par leur caractère de généralité, doivent être considérés comme des éléments logiques du droit, c'est-à-dire, ceux qui en se combinant, ou en se modifiant, entrent dans la formation des règles spéciales où se développe le droit.

Quant aux éléments généraux du droit, matière propre que contient cette partie du projet, la Commission a le devoir de faire observer que la façon dont ils sont présentés, laisse beaucoup à désirer lorsqu'il s'agit de vérifier si cette partie générale a réellement rempli le but qu'on prétend obtenir avec la division des matières du Code.

La personnalité physique et juridique et la capacité civile sont traitées d'une telle façon qu'elles embrouillent plutôt qu'elles ne préparent l'esprit de celui qui voudrait acquérir la connaissance du droit.

La personnalité juridique est présentée par morceaux, une partie au chapitre 1er du titre 2 du livre 7, art. 7 à 10, une autre partie au chapitre 2, art. 18 à 29; une partie encore au chapitre 3, art. 30 à 44; une partie au chapitre 5 du titre 2 du livre 3, art. 190 à 217; une partie enfin dans les articles éparpillés, comme par exemple les articles 222 à 223 et autres qui auraient pu être cités.

En confrontant des dispositions (art. 7, 18 et 30) il semble que la fondation n'est pas une personne juridique, civilement constituée, mais bien une nouvelle création, qui n'est ni la personne physique ni juridique.

En examinant l'art. 18 il nous révèle (§ 3) une personne juridique différente des autres, antinomique avec l'idée juridique qui s'attache à cette classe de personnes: c'est une personne juridique qui, par rapport à ses propres biens, admet les droits identiques dans les personnes des individus qui la composent matériellement.

La capacité civile est traitée d'une façon injuste et avec une terminologie nouvelle, nullement supérieure à l'ancienne, et inexacte pour le projet lui-même : il suffit de rappeler la *tutelle maritale* du § 6 de l'art. 14 et l'incapacité du prisonnier par violence privée ou en exécution de sentence. Avec cela le projet prétend non seulement apporter, mais encore amplifier dans notre milieu juridique, les effets de l'ancienne servitude de la peine des Romains.

La Commission pourrait faire de semblables observations par rapport aux autres deux livres de la partie générale : mais le temps que cela demanderait lui manquant, elle se borne à dire qu'ils n'échappent pas à la considération présentée ci-dessus d'une façon générale, c'est-à-dire, qu'ils ne satisfont pas aux conditions de la division du plan du Code.

VI

La partie spéciale du projet n'a pas échappé à ce défaut dans la distribution des matières.

En mettant de côté beaucoup des dispositions de procédure, qui occupent indûment une place dans le cadre des matières et qui, si elles ne peuvent pas trouver de justification dans la raison générale des choses, sont aujourd'hui principalement condamnées par le régime politique actuel du pays, qui a donné à chacun des Etats dont se compose l'Union brésilienne, la compétence pour régler les matières du procès, la Commission trouve parmi les matières propres du cadre une distribution irrégulière qui est bien loin de se conformer avec l'organisme vivant du droit, selon la construction de la jurisprudence scientifique dont le Code ne doit être autre chose que l'image réfléchie.

La Commission a déjà pris le soin de faire sentir la nécessité d'une parfaite reconnaissance, d'une distinction exacte de toutes les institutions, pour que chacune d'elles soit dans le Code ce qu'elle est dans le droit, selon ce que le sentiment national, la législation existante et la doctrine scientifique l'ont déterminé.

Le placement inexact, la classification erronée, le défaut dans la détermination des éléments fondamentaux ou caractéristiques, la confusion des institutions juridiques sont des forces que produisent nécessairement l'erreur dans la connaissance et dans l'application des dispositions, qui embarrassent la réalité du droit, troublent le mécanisme de la vie et nuisent à l'économie sociale.

C'est par une faute d'appréciation exacte des matières que le projet a traité de la nationalité, comme matière appartenant au cadre du droit civil, et de la prescription, comme matière qui aurait pu être rangée dans le plan de la partie générale. Mais les fruits de l'appréciation inexacte ne se sont pas bornés à celà et la Commission va indiquer ceux qui lui ont paru les plus saillants.

1º La location, lorsqu'il s'agit des choses, est présentée par le projet comme le contrat par lequel *l'un des contractants s'engage à céder pendant un temps, déterminé ou non, l'usage ou la jouissance d'une chose à l'autre contractant qui, à son tour, s'engage à lui payer un prix proportionnel au temps.* Le projet la présente dans ces termes comme un droit purement personnel (*s'engage à céder*) et dans cette conformité, il consigne plusieurs dispositions surtout comme celle du § 3 de l'art. 717.

A l'art 710, il la présente comme un *droit de servitude*, à l'art. 711, il la confond avec l'emphytéose, égalant et locataire à l'emphytéote et lui accordant des droits que, seule, possède l'emphytéose; à l'art 736, il le présente comme un droit réel spécial et il confirme cette présentation avec les art. 1700 § 2, 1811 et suivants; aux chap. 4 et 6 de ce même titre, art. 789, 818 et suivants, il la présente comme une société, considérant comme locations le bail à ferme et le cheptel, qui, par leur nature, sont de véritables sociétés; finalement, au titre 18 du livre 3, articles 2352 et suivants, traitant spécialement de la location du service domestique, il la présente comme un rapport de famille.

On voit par là que la location est pour le projet un droit personnel, un droit réel spécial, un droit de servitude, un droit d'emphytéose, un droit de société et enfin un droit de famille; et l'on conclut qu'il est impossible de comprendre la nature d'une institution qui est ainsi présentée avec des qualités si diverses, dont chacune lui altère si substantiellement la nature intime.

2º Le contrat d'édition est traité par le projet comme une figure spéciale de droit. L'article 843 le formule de la façon suivante: *on considère contrat d'édition celui par lequel l'auteur d'un ouvrage scientifique, littéraire ou artistique ou son légitime représentant s'engage à le remettre à un éditeur qui, à son tour, s'engage à le reproduire à un nombre plus ou moins considérable d'exemplaires et à les répandre dans le public.*

Il n'est pas possible, par cette présentation, d'arriver à connaître quelle est la caractéristique du nouveau contrat, pas même quel est le motif *téléologique* qui le domine, et cette impossibilité s'accentue en face de l'article 861, où le projet traite d'une hypothèse qui ne peut pas être du tout contenue dans l'article 843.

Cependant, de la lecture des articles où se trouve traité le contrat d'édition, il résulte qu'il est pour le projet, ou la vente de la propriété littéraire, ou la location de l'industrie ou des services de l'éditeur qui se charge de l'impression de l'ouvrage intellectuel (art. 844), ou la location du service professionnel (art. 861) auquel se rapporte le projet au § 4 de l'art. 766, quand l'éditeur charge quelqu'un, pour son compte, d'écrire ou de confectionner un travail littéraire.

Dans l'état actuel de notre droit, il suffira de recourir, selon l'opinion de la Commission, aux dispositions relatives à ces institutions, en sauvegardant les clauses que les parties jugeront convenables pour la réglementation de leur respective position juridique.

3° La possession est bien placée au titre 1er du livre 2; c'est pour ainsi dire le vestibule de l'édifice du droit réel : mais la Commission est forcée de reconnaître que le projet n'a pas été heureux sur la façon de la considérer.

La possession est pour le projet la *manifestation d'un pouvoir matériel sur la chose unie à la volonté du détenteur d'exercer ce pouvoir en son propre intérêt* (art. 1325) ; le locataire d'un chose quelconque, tous ceux qui détiennent au nom d'autrui, même le détenteur précaire, dès qu'il a sur la chose un intérêt légitime, sont possesseurs selon la conception du projet.

Mais pourquoi détruire de cette façon la beauté de l'admirable théorie que la sagesse juridique des Romains a si bien su formuler et que la doctrine scientifique, jusqu'à nos jours, n'a encore pu altérer? Pourquoi ébranler le système ?

La Commission dit « détruire la beauté de la théorie et ébranler le système romain » parce que le projet, dans les dispositions qu'il a consacrées, n'est pas parvenu à subvertir l'idée juridique des Romains sur la possession, idée qui jaillit toujours imposante, sinon dans la lettre du projet, du moins dans la pensée. Il y a à l'art. 1363 une personne qui détient la chose pour un motif légitime et dans son propre intérêt, et qui n'est pas possesseur, quoique étant appelé possesseur; à l'art. 1348, il y a le locataire possesseur de bonne foi, pour qui la possession de bonne foi, comme le dit l'art. 1333, suppose à peine *une prise sans vice et un titre qui la justifie*, et qui néanmoins, dans la pensée du projet, ne fera pas certainement siens les fruits de la chose louée.

En la considérant ainsi comme capable de fonder un droit réel (art. 1355 avec lequel sont d'accord les art. 105 et 1813) par la disposition de l'art. 84, on l'élimine du cadre des droits réels. Il n'est pas possible de comprendre la possession considérée en même temps, comme droit réel et comme droit personnel, et sur ce point la Commission ajoute que la conception de la possession, comme droit réel, est encore un essai de construction théorique qui, quoique adoptée dans quelques législations positives (comme dans le Code du canton de Zurich), n'a pas été sanctionnée par la doctrine générale, de manière à être constituée comme un véritable édifice scientifique.

4° Le titre 5 du livre 2 s'intitule : *Des servitudes* ; le chap. 1 de ce titre s'intitule : *Des servitudes immobilières* ; c'est-à-dire suffisant pour mal juger la façon dont le projet a considéré la matière des servitudes.

La conception scientifique de la servitude la présente

comme un *onus* réel, constitué sur un immeuble appartenant à un propriétaire, au bénéfice d'un autre immeuble, appartenant à un propriétaire différent; il n'y a donc pas de servitude qui ne soit immobilière.

L'inscription du chapitre en vue de cela, ou bien est un pléonasme ou alors une démonstration vivante que le projet a fait de la matière une appréciation inexacte qui, dans le développement, produira forcément ses conséquences fâcheuses.

En effet, la Commission remarque que le projet, en s'écartant de la conception scientifique de la servitude, a été porté à comprendre sous ce titre, en les considérant comme des servitudes: l'usufruit, l'usage, l'habitation, voire même la rente constituée sur des immeubles (chap. 2, 3, 4) institutions, qui, si elles sont communes avec la servitude de la nature réelle, s'en distinguent par les caractéristiques qui leur donnent une existence spéciale.

La conception erronée, à laquelle le projet s'est attaché, l'a conduit à ne plus garder fidélité, même à ses prétendues *servitudes immobilières*.

C'est ainsi que, ayant donné à l'art. 1543 la *servitude immobilière* comme celle qui est toujours *établie en faveur d'un immeuble sur un autre, appartenant à un propriétaire différent qui, à cause d'elle, est empêché de faire ou forcé de tolérer quelque chose que d'ailleurs il pourrait faire ou ne pas souffrir*, à l'art. 1544 il dispose que *la matière d'une servitude immobilière peut, par un accord entre les propriétaires des immeubles — dominant et sujet — être convertie en onus réel de celui-ci, en bénéfice d'une personne juridique déterminée ou d'un certain individu*, de sorte que, pour le projet, il y a la servitude immobilière qui est *onus* entre un immeuble et un immeuble; mais il peut y avoir une *servitude* immobilière qui puisse devenir onus d'un immeuble en faveur d'une personne.

5° L'hypothèque et l'antichrèse n'ont pas été non plus distinguées par le projet et la confusion de ces deux institutions a déterminé la présentation de l'antichrèse sous le titre destiné à l'hypothèque, comme si l'antichrèse fût une hypothèque ou qu'elle ne pût avoir une existence indépendante de celle-ci.

Et ainsi l'a, en effet, compris le projet selon l'art. 1769 qui lui révèlerait le sens si, par hasard, le fait de considérer l'antichrèse comme un chapitre de l'hypothèque n'était point suffisant.

Cet article dit :

Lorsque, aux termes de l'art. 1645, le contrat hypothécaire accorde l'usufruit de la chose au créancier, celui-ci reste, de ce fait, investi des droits et sujet aux obligations de l'usufruitier.

Cette disposition, qui vient d'être transcrite, est encore un peu plus compromettante : elle révèle que si le projet a commencé en confondant l'antichrèse avec l'hypothèque, il a fini en la confondant avec l'usufruit, de sorte que, pour le projet, l'antichrèse, qui ne peut exister qu'avec l'hypothèque, se réduit en fin de compte à l'usufruit de la chose hypothéquée.

Quelle institution est-elle celle qui n'a pas une existence indépendante, qui n'a pas de règles qui lui soient spéciales? Il est évident que le projet se condamne lui-même, en se rapportant à une institution qui, dans son opinion, n'a pas d'existence juridique.

Et, cependant, c'est lui-même qui croit à l'existence de l'institution et il est certain qu'elle existe, qu'elle est distincte de l'hypothèque, qu'elle a ses règles spéciales et qu'elle ne se confond pas avec l'usufruit.

VII

Après les considérations qui viennent d'être faites, relativement aux grandes lignes générales sur lesquelles le projet a exécuté la partie spéciale du Code, la Commission se croit dispensée de descendre jusqu'à l'examen du développement donné aux diverses matières juridiques.

Il n'est donné à personne de bâtir sur de fausses bases; avec une telle compréhension des institutions, le projet n'aurait pas pu leur donner le développement complet, exact et harmonique.

La Commission, cependant, ne terminera pas ses observations sur la partie spéciale du projet sans faire quelques légères considérations sur le droit de famille, dans lequel les modifications proposées au droit en vigueur, sont trop nombreuses, les unes n'ayant pas de raison bien nette ou facile à comprendre, d'autres ne remplissant pas le but qu'on peut leur attribuer.

Le projet commence par présenter la famille comme *une société naturelle et nécessaire, élémentaire de la société civile, tout en étant indépendante de celle-ci dans ses rapports moraux*, fondée ou constituée sur le mariage (art. 1821 et 1823) : c'est l'idée juridique de la famille.

Mais, cependant, au chapitre 1er, titre 1er du livre 3, où se trouvent les art. 1821 et 1823, la Commission trouve, comme conceptions diverses, cinq espèces de familles, les quatre de l'art. 1822 (la famille naturelle, la famille civile, la famille légitime, la famille domestique) et celle de l'art. 1824 où l'on présente la famille comme « *constituée par une seule personne naturelle* ».

Il est facile à comprendre que ceci dénature complètement l'idée fondamentale et rend impossible, par rapport aux relations de famille, le développement régulier des règles respectives.

De cette oblitération de l'idée fondamentale de la famille est venue, sans doute, le fait de permettre le projet (art. 2147), même après le mariage du père, la reconnaissance des enfants naturels, qui font partie de la famille à partir de ce moment, avec les mêmes droits que ceux des enfants légitimes, puisque l'art. 1826 dispose que *la loi assimile les enfants légitimes aux enfants naturels qui ont été reconnus en sa conformité.*

De cette même source est venue la confusion avec laquelle est traitée la matière relative au régime du mariage (titre 4, art. 1974 à 2095) en vue de laquelle il n'est pas permis de savoir quel sera, pour le projet, le régime commun ou le régime légal, c'est-à-dire celui qui, d'après le droit actuel, résulte immédiatement de la loi quand les époux, avant leur mariage, n'auront rien stipulé sur le régime de leurs biens.

Même sur ce point, on ne peut pas dire que le projet a supprimé ce régime légal pour n'adopter que le régime conventionnel, conforme en cela avec la conclusion autorisée par le § 5 de l'art. 1877, parce qu'il y a, plus loin, l'art. 1974 qui dit, non pas qu'il est obligatoire, mais bien qu'il *est licite aux contractants* de stipuler, par un contrat antérieur, le régime de mariage qu'ils voudront adopter.

Le projet traite de deux dots, c'est-à-dire de deux institutions différentes, avec le même nom : l'une est la dot dans l'acception juridique, admise par le droit en vigueur, c'est-à-dire celle qui constitue le régime dotal (art. 2016 à 2067); l'autre est une création du projet et est celle que le père est forcé de donner à la fille qui se marie ou de partager, lors du mariage, entre celle qui se marie et les autres célibataires si, par hasard, celle qui se marie n'a pas besoin de dot (art 1967 à 1973).

La Commission ne se croit pas tenue à dire quelque chose à son sujet; une création, aussi extravagante, ne mérite pas les honneurs d'être prise en considération.

L'émancipation a, pour le projet, une signification toute différente de celle que tous, jusqu'alors, lui avaient attribuée.

Dans la rigueur du droit, émancipation veut dire solution du pouvoir paternel : émancipés sont tous ceux pour lesquels le lien de subordination au pouvoir paternel est rompu sans égard au motif ou à l'âge et à la condition.

Une expression erronée, malheureusement adoptée dans le langage législatif (art. 1, § 2 du Code commercial), a donné lieu à l'emploi du vocable dans un sens différent du juridique avec application au mineur qui a obtenu le supplément d'âge.

Le projet abandonne la signification technique; adopte celle qui a été créée par une erreur d'application, la modifie un peu et la présente sous le même nom, création tout à fait nouvelle pour le droit. L'émancipation veut dire capacité pour les actes de simple administration (art. 2283).

On émancipe les mineurs qui se marient et ceux de 18 ans qui obtiennent, du père, de la mère ou du conseil de famille, cette concession; mais la capacité, que l'émancipation leur accorde, ne les délivre pas de la curatelle, puisque le mineur qui se marie reste sujet à la curatelle du père ou, en cas de mort de celui-ci, à celle de la femme, si elle est majeure; si elle est mineure, à celle de la mère et en cas de mort de celle-ci et si les deux sont mineurs, à celle d'un curateur nommé par le conseil de famille ou de tutelle (art. 2281).

L'émancipation ainsi constituée, née d'une erreur dans l'application du mot, est un véritable pas en arrière, quand on regarde l'état actuel de notre droit, d'après lequel les mineurs mariés et ceux qui ont obtenu le supplément d'âge, ne sont pas sujets à la curatelle et sont, sous tous les points, assimilés aux majeurs, sauf la restriction relative aux biens immobiliers.

L'administration des personnes et des biens des mineurs est extraordinairement compliquée par les dispositions du projet (art. 2205 à 2276); elle crée un protuteur, entité distincte du tuteur, mais qui doit exister avec lui et à côté de lui; un conseil de famille, un conseil de tutelle, des conseils spéciaux, dans quelques cas plus importants, et distribuant des fonctions à toutes ces créations, il embarrasse l'administration et ne parvient pas, dans les affaires respectives, à diminuer l'intervention judiciaire.

Le titre 10 de ce livre, avec la rubrique : *De la tutelle des incapables et de la curatelle des interdits*, va au delà des dispositions de la partie générale (art. 14) en augmentant le nombre des interdits et en amplifiant l'idée de la prodigalité, contre la tendance du droit, toujours restrictive en de semblables matières.

VIII

La Commission va terminer son travail.

La mauvaise compréhension des institutions entraînerait fatalement avec elle, non seulement la mauvaise distribution des matières, comme l'inexact et insuffisant développement donné à ces mêmes matières.

Ajoutez à cela la lamentable rédaction ou forme donnée à presque toutes les dispositions du projet, le manque de logique dans la déduction des conséquences résultant des principes établis, les antinomies flagrantes qui sont abondantes et la conclusion sera toute naturelle : le projet ne remplit pas les conditions nécessaires pour être accepté, même aux termes de la proposition faite dans les *dispositions additionnelles transitoires*, comme base de la révision pour le futur Code civil de la République.

Tel est l'avis de la Commission.

L'insuffisance de ceux qui ont été chargés d'une mission aussi ardue et le peu de temps qui leur a été accordé, justifient outre mesure, aux yeux des compétents, combien ce travail est incomplet, la Commission, cependant, a la conscience d'avoir cherché à faire son devoir.

Rio de Janeiro, salle de la Commission, au Secrétariat de la Justice et de l'Intérieur, le 27 juillet 1893.

RÉPONSE

AU RAPPORT DE LA COMMISSION DE RÉVISION

A l'illustre citoyen Ministre de la Justice,

J'ai l'honneur de vous accuser réception du *Diario Official* du 2 août, contenant le Rapport de la Commission de Révision du Projet du Code Civil remis, de votre part, par l'illustre Directeur du Secrétariat de votre Ministère.

En vue de l'art. 8 de mon contrat, dont le délai est depuis longtemps expiré et dont la forme a été transgressée, je ne dois plus de réponse à ce rapport; toutefois, je vais la lui donner par égards envers le Gouvernement et envers le public à qui il a été exposé avant de m'avoir été soumis, comme cela m'était garanti par le même contrat.

J'offre, comme commencement de réfutation, l'exposé des motifs ci-joint, qui a prévu quelques-unes des innombrables censures distribuées libéralement au projet par les jurisconsultes que vous avez daigné nommer pour former la Commission de révision et je passe à considérer les divers points de leur rapport qui n'ont pas été prévus, ou qui peuvent encore avoir besoin d'une explication quelconque, en prenant les chapitres respectifs, chacun à leur tour.

CHAPITRE 1er. — Celui-ci se borne à donner le résumé du contrat et celui du plan du projet et, partant, je n'ai rien à lui opposer.

CHAPITRE 2me. — Dans celui-ci, sans nous dire pourquoi, la Commission a trouvé préférable à celle du projet « la classification que Heise et Thibaut ont introduite en Allemagne » et qui a été acceptée par la Commission, dont j'ai fait partie en 1881, et nommée pour donner son avis sur le projet du Dr Felicio dos Santos, auquel j'ai déjà fait allusion dans le même exposé.

Soit dit, en passant, que la classification de Heise n'est pas la même que celle de Thibaut et que j'ai non-seulement adopté celle-ci, lors du rapport de cette Commission, mais encore je l'ai reproduite, avec une légère altération, dans le plan que j'ai offert, six ans après, au conseiller Mac-Dowell et qui constitue l'*Appendice B* du susdit exposé.

Mais l'étude et la réflexion m'ont convaincu que la conception de Savigny (que j'ai d'ailleurs fortement contestée à l'*Appendice C*) par rapport au 3me livre de la Partie Générale, était plus vaste et plus facile à être complétée, dès que l'on ferait la distinction entre les faits et les actes juridiques, qui devaient y entrer et dont la distinction avait déjà ses bases lancées aux notes *a*, *e* et *h* au § 104 du Traité classique de ce même auteur.

C'est ce que j'ai tenté de faire et je crois avoir réussi, en ouvrant ce livre, avec la matière de la naissance et du décès; de l'extinction de l'objet du droit, de la prescription et des actes illicites, en général : car, c'est à partir de la naissance que commence la capacité qui est la condition *sine qua non* de tous les droits et qui s'éteint par la mort de l'individu ; parce que l'extinction de la chose et la prescription du titre peuvent tout aussi bien éteindre les droits réels que les personnels, et parce que les actes illicites peuvent, de la même façon, léser aussi bien ceux de la première que ceux de la seconde espèce.

Aucun de ces faits ne pouvait donc entrer dans la Partie spéciale, sauf en créant, pour eux, un livre aussi spécial, ainsi que l'a fait Heise pour la *restitutio in integrum* que j'aurais aussi comprise dans cette partie, si je n'avais jugé plus convenable de la supprimer.

Ce que l'on peut conclure de cela c'est que j'ai changé d'opinion pour corriger la précédente, c'est-à-dire que j'ai fait de même que Thibaut, qui n'a supprimé, dans son ouvrage, la partie de la procédure que dans la 7me édition et c'est seulement dans la 8me qu'il a cessé de consacrer un livre spécial pour le concours de créanciers, ainsi que l'a fait Macheldey (voir le § 115 du *Manuel* de cet auteur, *Trad.* Beving, *édit.* de 1841).

CHAPITRE 3me. — Ce chapitre est une dissertation sentencieuse et abstraite sur la *réalisabilité*, l'*opportunité*, la *perfectibilité* et la *perfection de la forme et du fond* du droit positif, avec des prétentions de servir de lit de Procuste au plan et à l'exécution du projet. L'esprit, qui perce dans cette partie, est celui de l'école qui a pour idéal l'évolution lente du droit romain, qui s'est opérée, pendant plusieurs siècles, moyennant la classique faculté prétorienne : *adjuvandi, supplendi, vel corrigendi juris civilis gratia, propter utilitatem publicam*, dont parle Papinianus au frg. 7, du *Dig.* de *Just.* et de *Jur.* (1, 1), et je crois inutile de dire que tel n'a pas été mon point de vue.

Avec l'intensité de la vie actuelle et avec la célérité de l'évolution de nos temps, ou les codes modernes devront être soumis à la révision périodique, que je propose, où ils ne se feront pas des cheveux blancs.

Pour moi, les questions préliminaires étaient celles-ci :

1° Ce que je pouvais faire; 2° ce qu'il était opportun de faire; 3° comment devait être fait ce que je pouvais et ce que je croyais opportun de faire.

La 1re était résolue à l'art. 2 du contrat, que la Commission a transcrit, presque littéralement, au commencement de son rapport. Seule, la Constitution, étant la loi de nos lois, aurait pu, quoiqu'elle fût postérieure au contrat, m'arrêter dans l'exécution du plan, qui me semblerait le meilleur.

De l'opportunité, j'en étais le juge et je ne pouvais certes pas trouver un moment historique plus propice aux réformes qui m'auraient paru convenables, que celui qu'offre actuellement ce pays qui, dans ces cinq dernières années, a vu, sans une commotion profonde, disparaître l'esclavage civil, changer la forme de gouvernement, altérer la manière de constituer la famille et abolir la religion de l'État, qui était celle de presque tous les citoyens brésiliens.

Fussé-je un jacobin ou un radical, je n'aurais pas pu me sentir plus à mon aise; et, nonobstant, mes réformes sont toutes modérées, sinon rigoureusement conservatrices.

Parfois, je suis resté en-deçà de mes idées, déjà publiquement manifestées, telles que celles sur la faillite civile et sur l'hérédité nécessaire; d'autres fois, je me suis borné à proposer ce que j'ai vu pratiquer et qui me semble plus simple, plus facile et meilleur que ce que nous avons; tels que le registre civil et le régime hypothécaire.

Mon travail, sans être calqué sur aucun des codes connus, a été inspiré par eux tous; et, avant tout, il a été le fruit d'une étude pénible de législation comparée, parce que notre époque de transition s'adapte à toutes les réformes et que ce qui a été et est pratiqué, avec avantage, dans les pays civilisés, surtout dans ceux de la race latine, ne peut paraître impraticable dans le nôtre actuellement.

A la critique sur les fautes contre la perfection de la forme et du fond, il sera répondu au fur et à mesure qu'elles seront indiquées, et celle qui se rapporte à l'ensemble des matières aurait dû être formulée sur l'art. 1er, où il se déclare d'une façon qui n'est pas commune dans des travaux de cette nature.

CHAPITRE 4me. — Ici, après m'avoir lancé à la figure l'abandon complet du plan et de la terminologie du contrat, arrive l'alinéa suivant : « La Commission doit reconnaître que, sauf l'intrusion de la prescription dans la partie générale considérée comme un fait juridique, le plan du projet est sans doute supérieur à celui du contrat — *puisqu'il est le même que celui de la classification allemande* — » ce qui, d'ailleurs, ne serait pas pour moi une raison pour me décider, si je n'en avais pas eu d'autres.

En lisant ce qui précède, on dirait que je dois même m'excuser d'avoir amélioré mon plan, comme si la liberté, que m'a garantie l'art. 2 déjà cité, ne pût me servir contre lui, lors même qu'un autre m'eut paru meilleur.

La prétendue *intrusion* de la prescription dans la partie générale a déjà été expliquée aux §§ 9 et 10 de l'exposé et dans la réponse au chapitre 2me.

Elle ne pouvait pas entrer dans les droits personnels, car c'est un des moyens d'en acquérir de réels, ni dans ceux-ci, car c'est aussi un moyen d'éteindre des obligations.

Elle devait encore moins être scindée, comme l'a fait le projet de Code allemand, pour faire entrer l'*extinctive* dans la partie générale et l'*acquisitive* dans le livre des droits réels; parce que, malgré toutes ses modalités, la prescription dans le fond est seule et même, et son effet est d'annuler le titre et de transmettre le droit personnel au débiteur et le réel au possesseur. Le temps est son élément principal; il peut même dispenser la bonne foi et le titre, et c'est pour cela que je l'ai considérée comme un fait juridique.

Ce n'est pas par hasard que j'ai abandonné le titre de *droit des obligations* pour le livre Ier de la partie spéciale.

Le Code n'est pas seulement destiné aux juristes, c'est un livre du peuple et pour le peuple — qui considère obligation synonyme de devoir, et aux oreilles de qui le titre classique sonnerait comme *droits des devoirs*.

La place de ce livre, en tête de la partie spéciale, a été à peine basée sur l'exemple du projet de Code allemand.

J'avais besoin de cet exemple pour ne pas être taxé d'original, voire même d'ignorant, qualifications que les Commissions officielles ne marchandent pas à ceux qui leur tombent entre les griffes; mais j'avais d'autres raisons.

La dernière partie du dernier livre de la partie générale traite des actes juridiques; les actes juridiques les plus nombreux et les plus fréquents sont les contrats et les quasi-contrats, qui constituent la presque totalité du livre des obligations. Rien n'est donc plus facile, naturel et logique, que la transition de l'un à l'autre.

Outre cela, dans la partie spéciale ne vont pas bien les articles didactiques, qui sont inévitables dans la partie générale, et le premier titre du livre des obligations est celui qui, dans cette partie, doit contenir le plus grand nombre d'articles de cette espèce. Voilà déjà deux raisons et elles ne sont pas les seules.

Ce sont elles, probablement, qui ont conseillé l'ordre du projet auquel j'ai fait allusion et non pas celles que lui attribuent les membres de la Commission.

CHAPITRE 5me. — Mettant de côté les accusations vagues, je vais prendre en considération celles qui ont été formulées de manière à pouvoir être répondues. Je réponds ainsi à la :

1re. Un titre sur les citoyens (*cives*) n'est pas déplacé dans un Code civil, lors même qu'il est forcé de reproduire quelques-unes des dispositions de la Constitution, ce qui n'est pas le cas dans notre hypothèse, car elle-même nous renvoie à des lois complémentaires.

Excepté les Codes civils de quelques cantons suisses, qui, d'ailleurs, ne sont pas souverains, tous ceux que je connais, inclusivement celui du Canada, qui est une colonie, règlent cette matière.

Même sous notre Constitution de l'Empire, dont l'art. 178 (traduit du commencement du chap. 9 de l'ouvrage de Benjamin Constant : *Esquisse de Constitution*) faisait, des droits civils, une matière constitutionnelle, nous avons été forcés de les régler par des lois ordinaires, comme celle du 10 sept. 1860, pour éviter des conflits internationaux.

L'art. 144 de la Charte constitutionnelle portugaise est égale *ipsis verbis* à l'art. 178, déjà cité, et, malgré cela, le Code civil du Portugal règle aussi cette matière dès son début.

2me. Le chap. 5 du titre 3 du livre 2 de la partie générale est, comme il ressort du § 38 de l'exposé, destiné à disparaître dans la révision définitive; mais, dans le cas actuel, il aurait l'avantage d'éviter que la zône de l'art. 3 de la Constitution fût fieffée à quelque protégé du Gouvernement.

3me. Les chapitres 2 à 5 du titre 1er du livre 3 sont réellement réglementaires, car ils introduisent, dans la matière, une réforme que j'ai étudiée sur le vif et qui m'a semblée aussi utile que pratique, et parce qu'il ne me manquait pas d'exemples de Codes civils réglementant ces faits, depuis le français jusqu'à l'italien, qui leur consacre pas moins de 56 articles, dont quelques-uns bien longs. Si je ne les réglementais pas, je serais soupçonné de paresse et le projet souffrirait la censure d'impraticable, faute de lois réglementaires. Ensuite, si dans la révision définitive il eut semblé préférable de remettre la matière à une loi spéciale, rien de plus facile que d'accepter alors le conseil suggéré par la Commission.

4me. Les personnes juridiques sont divisées en politiques, dont la constitution, l'existence et l'extinction sont renvoyées au droit public (art. 8) et en civiles, qui sont définies et réglées, en général, au chapitre 2me et spécialement au chapitre 3me, quant aux fondations, qui sont plutôt une réunion de biens, qu'un agrégat de personnes.

De là, ce caractère qui semble si étrange à qui n'a pas idée de la chose « qui n'est pas une personne physique ni juridique.... » *comme les autres* : voilà ce qu'aurait vu la Commission, si elle avait compris le projet.

Les articles 190 à 207 règlent le registre de la constitution et de l'extinction des personnes juridiques, ce qui les suppose déjà existentes en conformité avec le livre 1er. Les articles 222 et 223 sont des conséquences de l'abolition du bénéfice de la restitution *in integrum*, proposée à l'art. 17.

5me. Je ne puis répondre à l'objection élevée sur le § 3 de l'art. 18, car je ne la comprends pas ; mais, dans le doute, je renvoie la Commission à l'art. 87 du Code civil du canton des Grisons, qui a été la source du paragraphe incriminé. Ce Code, calqué sur celui de Zurich, est, dans l'opinion de M. Lehr, que la Commission connaît peut-être de nom, celui qui précise le plus exactement les diverses modalités de la personne juridique.

6me. La nouvelle terminologie, sur la capacité, revient à appeler incapable celui dont la personne et les biens sont sujets à la garde et à l'administration d'autrui, et interdit, celui qui administre ses biens, assisté d'un curateur.

On considère interdit le prisonnier, qui l'est en exécution d'un jugement, ou subit une violence privée, non pas comme servitude de la peine (extravagance que la Commission m'impute avec sa *libéralité* habituelle), mais plutôt comme moyen de délivrer les biens du premier, des conséquences de l'abandon forcé, et ceux du second, des griffes de l'auteur de la violence. De semblables motifs ont suggéré l'art. 319 (66).

La femme mariée n'est pas comprise parmi les interdits, quoique ayant l'exercice de quelques-uns des ses droits limités par la *tutelle* maritale, expression que j'ai prise au Code italien, pour ne pas employer celle du *pouvoir marital* de notre droit en vigueur. (Mello Freire L. 12, titre 7.)

Ainsi donc, toutes les objections élevées par la Commission contre le liv. 1er de la partie générale sont mal fondées ou basées sur la façon spéciale dont elle entend ou veut que l'on entende le projet.

Chapitre 6me. — La Commission commence ici par arguer que le projet contient « beaucoup de dispositions de procès, qui, indûment, occupent une place dans le cadre des matières, etc. »

(66) Cet art. n'accorde pas d'effet, avant qu'ils soient ratifiés en des conditions normales, aux contrats convenus lorsqu'une des parties se trouve sous la pression d'un naufrage imminent, d'un incendie commencé ou d'une opération chirurgicale urgente et mortelle.

et elle fait allusion, sans le citer, au § 23 de l'art 34 de la Constitution Fédérale; mais, suivant son habitude, elle s'abstient de dire quel est son critérium pour distinguer le droit civil de la procédure, et elle a raison, car, comme on pourra le voir aux §§ 21 à 25 de l'exposé, la chose n'était pas facile et il est beaucoup plus aisé d'émettre ses opinions en forme de décret, comme si elles étaient déjà prouvées, grâce à l'autorité de la personne dont elles émanent.

Je laisse donc de côté ces accusations vagues et impalpables, pour prendre en considération celles qu'elle a formulées en les numérotant.

1° *Contrat de location.* — C'est, ainsi qu'il a été dit au § 47 de l'exposé, le contrat le plus longuement réglé; parce que c'est celui qui offre le plus de modalités, soit dans son objet. qui peut être les biens meubles, les animaux inclusivement, les immeubles, ou des services domestiques, industriels ou libéraux; soit dans la manière de se constituer, qui peut conférer tantôt un droit personnel, si c'est à titre précaire, soit une servitude personnelle, si elle retombe sur un bien immeuble, et à un titre inscrit; tantôt le domaine utile, si, au titre inscrit, il réunit la *durée* de plus de 30 ans; soit enfin dans ses effets, qui peuvent la confondre tantôt avec la société, comme dans le cas de l'art. 837, tantôt avec le mandat, comme dans le cas des services d'avocat, commissaire-priseur ou courtier; tantôt avec la gestion d'affaires, comme dans le cas de l'art. 1186.

Sans avoir la moindre idée des dernières modalités, sans comprendre les autres, sans connaître l'existence des servitudes personnelles, et croyant que la *colonie partiaire* est la même chose que la société, la Commission se jette sur cetté partie du projet avec une audace qui, chez d'autres personnes, ne pourrait s'expliquer que par l'ignorance.

Que la location à titre précaire ne donne pas un droit réel, c'est ce que la Commission paraît admettre; que, ayant pour objet un immeuble avec un titre inscrit, ceci constitue une servitude, cela a été consacré, non seulement par le Code civil de Zurich (art. 399 et 400), mais encore par le projet de Code allemand (art. 1050), et c'est une nécessité si urgente de l'évolution du droit, que, encore vers le milieu de l'année dernière, elle a été ordonnée judiciairement à l'officier du 2me district hypothécaire de cette ville, et a donné lieu à une consultation du tribunal respectif; et qu'elle peut constituer l'emphytéose, cela a déjà été consacré par l'Ord., liv. 4, titre 45, dont la disposition, révoquée par l'Alv. du 3 novembre 1757, est rétablie par le projet, en en triplant cependant le délai.

Le réglement du service domestique, compris dans le droit de famille pour les raisons exposées à l'*Appendice B*, ne lui retire point son caractère de droit personnel; il soustrait à peine, aux règles générales du contrat, cette modalité, soit par la nature du service, soit par la position de la personne qui le rend au sein de la famille qui le reçoit.

La *colonie partiaire* et le cheptel ont toujours été réglés comme location de services, soit par l'Ord., liv. 4, titre 45, qui est mur mitoyen avec celle qui traite de la société (tit. 44), soit par le Code Napoléon et ses imitateurs, soit, enfin, par notre loi spéciale du 15 mars 1879.

Ceci n'empêche pas qu'elle se confonde, dans quelques cas, avec la société, et tel est celui de l'art. 837, déjà cité.

Ces variations et nuances en un contrat d'objets si divers et de modes si différents, s'expliquent par deux maximes triviales de droit : *non solum ex contractu sed etiam ex facto jus oritur* ; et *modica circumstantia facti magnam juris differentiam inducit.* Comme exemple, on peut voir le frag. 2, *Dig. de Reb. cred.* (12, 1).

2° *Contrat d'édition.* — L'indication de ce contrat, contenue à l'art. 843 du projet, est la même de l'art. 372 du Code fédéral des obligations, qui, dans son genre, passe pour être un des meilleurs et des plus complets de l'Europe.

Il ne s'agit pas d'une définition rigoureuse, et, comme simple indication (malgré qu'elle ait laissé la Commission dans l'ignorance de son motif *téléologique*), je n'ai pas trouvé mieux, et la Commission n'a pas précisé ce qu'elle contient de mauvais.

L'étonnement que lui causent les modalités de ce contrat ne doit pas paraître étrange à qui a vu comme elle a trouvé drôle celles de la location, qui est un contrat d'usage journalier, constant et général.

L'affirmation qu'il suffit, à ce contrat, les dispositions actuelles de notre droit « excepté les clauses que les parties ont jugé convenables » prouve à peine que la Commission n'a jamais réfléchi sur le droit des auteurs littéraires et artistiques, ni sur les difficultés que les lois respectives, comme, par exemple, celle de la Suisse du 23 avril 1883, trouvent pour déterminer ce qui est contrefaçon ou ce qui ne l'est pas.

3° *La possession.* — La jurisprudence romaine considérait, comme droits intégrants de la pleine propriété et séparables d'elle, sans perdre la nature réelle, ceux de jouir et d'user de la chose.

Il est discutable, si elle considérait aussi, comme tel, le droit de posséder, qui est également intégrant de la pleine propriété. Le projet dit que oui, contre l'opinion de Savigny, dont la doctrine, après avoir fait le tour du monde, a perdu presque tout le terrain conquis, même dans sa propre patrie.

La Commission, quand elle parle de détruire la beauté de la théorie, paraît faire allusion à cette doctrine, dont une des conséquences est de réduire à la possession précaire le droit des locataires, et il suffit de celle-ci pour que je renonce à cette beauté si vantée. Ce n'est pas cependant le moment de développer cette question, peut-être la plus difficile du droit civil et à laquelle je me suis rapporté au § 61 de l'exposé.

A l'une des séances de la Commission, à laquelle j'assistais, je lui déclarai avoir suivi, en cette matière, le Code de Zurich, et de là ce dédain avec lequel elle le traite, considérant sa solution comme non encore sanctionnée par la doctrine générale. Cependant ce Code, fait par Bluntschli, dont la renommée en Allemagne n'est pas inférieure à celle de Savigny, a été revu, lors de la promulgation du Code Fédéral des Obligations, par Schneider, un autre professeur qui ne base pas sa science sur le décret qui l'a nommé, et qui a cependant, sur ce point-là, conservé intacte l'œuvre de son maître.

Et ce n'est pas tout. Le même Code, peu après sa promulgation, fut adopté par les cantons de Zoug et de Schaffhouse; il a servi de modèle à ceux des cantons de Glaris et des Grisons et, si je suis bien informé, il a aussi servi de modèle au projet que la Hongrie a en état d'élaboration pour se passer du Code civil de l'Autriche.

L'inclusion des locations immobilières au droit des choses par le projet allemand semble avoir eu la même source.

Il ne s'agit donc pas d'une nouveauté scientifique, non soumise encore à la preuve réelle de la pratique, pour être ainsi éliminée à titre de mauvaise, sur l'affirmative simple, crue et sèche des trois jurisconsultes officiels, qui ont signé le rapport auquel je réponds.

4° *Des servitudes*. — Ici il faut transcrire les paroles mêmes de la Commission, pour que l'on ne m'attribue point une interprétation contre la lettre ou l'esprit du rapport.

Il dit :

« Le titre 5 du livre 2 s'intitule : *Des servitudes* ; le chapitre 1er de ce titre s'intitule : *Des servitudes immobilières*, c'est-à-dire suffisant pour mal juger la façon dont le projet a considéré la matière des servitudes.

« La conception scientifique de la servitude, la présente comme un *onus* réel, constitué sur un immeuble appartenant à un propriétaire au bénéfice d'un autre immeuble appartenant à un propriétaire différent ; il n'y a donc pas de servitude qui ne soit immobilière.

« L'inscription du chapitre en vue de cela, ou bien est un pléonasme, ou alors une démonstration vivante que le projet a fait de la matière une appréciation inexacte qui, dans le développement, produira forcément ses conséquences fâcheuses.

« En effet, la Commission remarque que le projet, en s'écartant de la conception scientifique de la servitude, a été porté à comprendre sous ce titre, en les considérant comme des servitudes, l'usufruit, l'usage, l'habitation, voire même la rente constituée sur des immeubles (chap. 2, 3, 4), institutions qui, si elles ont de commun avec la servitude la nature réelle, s'en distinguent par les caractéristiques qui leur donnent une existence spéciale.

« La conception erronée, à laquelle le projet s'est attaché, l'a conduit à ne plus garder fidélité, même à ses prétendues *servitudes immobilières.* »

A l'époque où j'ai appris et professé le droit, si un étudiant, à son examen, eût débité de semblables extravagances, même sans se servir du ton dogmatique et arrogant de la Commission, il aurait couru grands risques de recommencer ses études l'année suivante.

En effet, il était alors tout élémentaire que les servitudes peuvent être personnelles ou immobilières, de même que la première espèce comprend l'habitation, l'usufruit et l'usage, et que les deux dernières sous-espèces peuvent avoir pour objet des biens meubles ou immeubles (*frg.* 1°, *Dig. de servit.* (8,1) et *Inst.* II, titres 2, 3 et 4).

A ces servitudes classiques, j'ai ajouté celle de la rente constituée sur un des immeubles, admise par presque tous les Codes modernes et, il y environ trente ans, insinuée au commencement de l'art. 6 de notre loi hypothécaire du 24 sept. 1864.

5° *Hypothèque et antichrèse.* — Pour répondre à cette critique de la Commission, j'ai besoin de lui rappeler l'histoire de ces modalités du droit réel, qu'elle semble avoir oubliée.

Dans le droit romain, l'hypothèque et le gage se distinguaient en ce que la première restait au pouvoir du propriétaire et le second au pouvoir du créancier (*Inst.* IV, titre 6, § 7); de sorte que l'antichrèse était une modaltié du gage (*frg.* 11, § 1°, *Dig.* 20, 1, et *frg.* 33, *Dig.* 13, 7). Le créancier, à titre d'antichrèse, recevait tantôt les fruits de la chose engagée en compensation des intérêts de la dette, comme usufruitier, et sans être tenu d'en rendre compte (L. L. 14 et 17, Cod. 4, 32) ; tantôt seulement jusqu'au montant des intérêts — *legitimæ usuræ* — avec l'obligation de rendre compte pour amortir l'excédant des fruits sur le payement du capital (*frg.* 1° § 3°; *Dig.* 20, 1). Le créancier, qui se servait du gage sans avoir le droit d'antichrèse, commettait un vol (*frg.* 54, *Dig.* 47, 2).

Dans le droit moderne, l'hypothèque a été limitée aux biens immeubles, et le gage aux biens meubles ; de sorte que l'antichrèse dans le sens primitif, c'est-à-dire la compensation des intérêts de la dette par les fruits de la chose, peut avoir lieu aussi bien pour la première que pour la seconde.

Le projet cherche à généraliser et simplifier ces rapports de droit, en supprimant l'antichrèse, comme une espèce indépendante des *jura in re aliena* ; en la réduisant à une modalité du gage ou de l'hypothèque, en éliminant en règle, pour éviter des questions incidentes, l'alternative d'être ou ne pas être le créancier obligé à rendre compte, et lui permettant (ainsi que le fait le Code civil italien à l'art. 1893) de renoncer à l'usufruit, sans préjudice de sa garantie sur la chose. C'est une réforme que je propose dans les limites de mon contrat. Elle peut paraître inopportune ou même peu convenable, mais ne justifie pas la prétentieuse demande de la Commission :

« Quelle est cette institution qui n'a pas une existence indépendante, qui n'a pas de règles qui lui soient particulières ? »

Et elle continue à malmener le projet, selon son habitude, toutes les fois qu'elle ne le comprend pas ou qu'il s'écarte de la partie du droit en vigueur, qu'elle connaît.

CHAPITRE 7me. — A ce que dit la Commission, au commencement de ce chapitre, sur les diverses acceptions du mot famille, il a été déjà répondu au § 77 de l'exposé, et cela prouve à peine qu'elle ignore les généralités du droit classique, inclusivement les définitions du titre *de verbor signif*, et partant, le *frg*. 195 du même titre.

—

Le projet permet, en effet, de reconnaître le fils naturel d'un des époux, antérieur au mariage, dans la constance de celui-ci. La Commission attribue cette innovation, dont la source a été le Code italien, à l'oblitération de mon idée fondamentale de la famille, alors que, s'il y a eu oblitération, ça a été de son critérium même, dans l'appréciation de cette réforme, inspirée par le respect aux droits du sang, que Pomponius, jurisconsulte païen, déclarait, il y a vingt siècles, supérieur à toutes les lois civiles, comme on peut voir au *frg*. 8, *Dig*. de *R. J.* (50, 17).

Les devoirs du mari envers la femme ne sont pas plus sacrés que celui du père envers les enfants ; dans l'hypothèse, les droits des enfants légitimes sont postérieurs à ceux des enfants naturels ; et c'est une vieille règle de droit : *qui prior in tempore, potior in jure*. Mais le projet ne va pas si loin.

Quels que soient les maux résultant des enfants naturels, il y a toujours une chose plus mauvaise que de les avoir, c'est de les renier, après les avoir eus.

Le projet a été destiné aux hommes de bien ; tous ceux qui ne le sont pas ont intérêt à le combattre, et l'auteur n'a jamais espéré autre chose.

—

C'est la Commission qui a confondu la matière des régimes de mariage, et non le projet. Selon celui-ci, les quatre régimes, mentionnés à l'art. 1978, sont tous légaux ; quelques-uns sont obligatoires dans quelques cas, par une disposition spéciale ; mais en règle, il est permis aux contractants de choisir parmi eux (art. 1974), pourvu qu'ils le déclarent à l'occasion du mariage (§ 5 de l'art. 1877); et s'ils déclarent simplement adopter la communion de biens, celle-ci s'applique seulement à ceux qui seront acquis après le mariage (art. 1981).

La censure sur les deux espèces de dot est une logomachie malveillante ou insensée, basée sur la double acception de ce mot, que le vulgaire considère comme synonyme de donation pour le mariage (*donation propter nuptias*) ainsi que la nomment expressément les articles 1967 et 1973, et sur laquelle il est permis aux parents d'établir le régime qui leur semblera le meilleur (art. 1969).

En passant, j'ai résolu la question de savoir si les parents sont, oui ou non, obligés de doter la fille riche, question que Vinnius résolvait négativement dans ses *Questiones selectæ* (liv. 2, chap. 14), et que Mello Freire résolvait affirmativement au liv. 2, titre 9, § 5.

Si donc cette création était extravagante, la responsabilité de son invention reviendrait au droit romain et son inclusion dans notre droit, à l'Ord., liv. 3, titre 64, et non pas à moi, ainsi que le pense la Commission, parce qu'elle ignore le premier autant que le second.

C'était aussi pour ne pas connaître suffisamment notre droit et ignorer les sources où le projet a puisé dans la législation comparée, que la Commission n'a pas compris les dispositions du dit, sur les effets de l'émancipation, ni le but politique et moral de l'auteur, par rapport aux mariages précoces, qu'il n'a pas osé défendre entre mineurs.

Réduite à chercher un prétexte, dans l'impossibilité où elle se trouvait de s'élever à la hauteur du motif, elle est allée frapper un innocent, inventant que les nouvelles dispositions étaient basées sur une supposée erreur où j'aurais été conduit, d'après elle, par le § 2 de l'art. 1 du Code comm. ; mais, même là, c'est encore elle qui fait erreur.

S'il y a une faute de m'avoir suggéré ces dispositions, elle revient au Code italien, avec ses articles 310 à 322, que j'ai imités sciemment et consciemment pour des raisons, dont quelques-unes ont été données au § 83 de l'exposé.

L'institution du protuteur et du conseil de famille est acclimatée dans la plus grande partie des pays de l'Europe : en Hollande, en Belgique, en France, en Italie, en Espagne, dans plusieurs cantons suisses et au Portugal. Le conseil de tutelle n'a lieu que pour les personnes qui n'ont pas de conseil de famille, et pour voir que celui-ci diminue l'influence officielle dans les rapports respectifs, il suffira de remarquer qu'il n'y a pas de recours contre ses décisions unanimes (art. 2224).

Outre cela, si ces institutions ne donnaient pas de bons résultats, quoique appuyées sur tant d'exemples, pendant l'exécution provisoire du Code, elles pourraient être éliminées lors de la révision définitive ; et c'était une raison de plus pour en faire l'essai.

Ce que dit la Commission sur le titre 10 du droit de famille est exact ; en effet, j'ai essayé d'amplifier l'idée de l'interdiction, en me fondant beaucoup moins sur les principes de droit que sur ceux de la morale, lesquels, ainsi que je l'ai démontré à l'*Appendice C*, doivent constituer la principale base des rapports de cette espèce ; mais, là encore, si ce qu'il y a de nouveau ne semble pas convenable au Congrès, il ne sera pas nécessaire de retrancher plus d'un ou deux paragraphes de l'art. 2300.

Ici, terminent les critiques de la Commission... (67).

Comme vous le voyez, Citoyen Ministre de la Justice, le rapport est beaucoup moins un jugement critique qu'un libelle avec addition, offert tumultueusement et hors de propos, et dont je crois avoir répondu à tous les articles, de façon à montrer qu'il prouve plutôt contre ses auteurs que contre mon projet.

Je n'attendais pas autre chose, dès que j'ai vu la Commission présidée par un avocat à peine connu par la renommée d'un voisin illustre ; par la tentative de règlement qu'il a fait contre la loi dite des *exécutions*, au temps de l'Empire, et par celui qu'il a récemment consommé sur la loi nº 1030 du nouveau régime.

Sa compétence au milieu de deux des nombreux jurisconsultes, que j'ai pris la liberté de vous rappeler, aurait pu être mise à profit pour des amendements de pure rédaction, et il est probable qu'au milieu de près de 2800 articles, il trouvât quelque chose où exercer sa capacité ; mais il ne fallait pas attendre plus de lui, ni lui en demander davantage.

Quant aux deux collègues, représentants de nos deux uniques Facultés de Droit officielles, il me semble qu'ils se sont trop laissé impressionner par le prestige de la nomination du président.

Je ne crains rien, cependant, des effets du rapport, dont la véhémence peu commune et la partialité manifeste, sont plutôt une recommandation à la sympathie publique qu'un motif de découragement pour moi.

Cela ne veut pas dire que je suppose mon travail parfait.

(67) Ici l'auteur a supprimé la partie de la réponse adressée au président de la Commission, à propos d'un article qu'il a fait publier dans le *Jornal do Commercio*, en soutenant le rapport.

Quelques-uns de ses défauts ont même été indiqués par moi dans l'exposé de motifs ; il y en a d'autres que je connais mieux que les critiques qui ne les ont pas même vus ; et si l'organisation de la Commission eût été toute autre, je l'aurais aidée à les corriger, en les lui indiquant. Je ne l'ai pas fait, parce que j'ai douté qu'elle pût m'aider dans ce but et je suis sûr qu'à chaque indication que je lui aurais faite, elle vous aurait dit comme Cicéron : *Habes igitur reum confitentem !*

D'un autre côté, à tort ou à raison, je ne comptais pas sur votre bonne volonté et j'avais la certitude que, quoique *exécuté* régulièrement et opportunément dans votre Secrétariat, mon projet ressusciterait bientôt dans un autre milieu.

Avec la réponse, que je viens d'opposer au rapport de votre Commission, je crois avoir donné au Gouvernement la dernière preuve de déférence qu'il pouvait attendre de moi et je ne me crois plus tenu à lui fournir d'autres explications, sur ce sujet, à partir de cette date.

Salut et fraternité.

Capitale Fédérale, le 15 août 1893.

A. Coelho Rodrigues,

chargé de la rédaction du projet de Code civil.

TABLE DES MATIÈRES

ERRATA

Page	1,	ligne	12,	au lieu de	*Pianky*	lisez	*Pianhy.*
»	3,	»	18,	»	»	»	»
»	18,	»	8,	»	*Behring*	»	*Beving.*
»	38,	»	42,	»	*suivant*	»	*survivant.*
»	44,	»	21,	»	*repoussé*	»	*transformé.*
»	45,	»	36,	»	*légitimité*	»	*part légitime.*

www.ingramcontent.com/pod-product-compliance
Ingram Content Group UK Ltd.
Pitfield, Milton Keynes, MK11 3LW, UK
UKHW020943180726
13838UKWH00003B/1086